山东省农村公路建设与养护技术指南丛书

Shandong Sheng Nongcun Gonglu Jianshe yu Yanghu Jishu Zhinan

山东省农村公路建设与养护技术指南

Di-san Fence　Lumian Gongcheng

第三分册　路面工程

山东省交通运输厅

内 容 提 要

本书为《山东省农村公路建设与养护技术指南》路面工程分册，系在现行相关标准、规范基础上，总结山东省多年工程实践经验及成果编制而成，内容涉及路面工程材料、施工工艺、技术要点、质量控制、日常养护、季节养护、常见病害以及处治措施等。本指南对于规范农村公路路面施工与养护、确保建设质量、提高投资效益，有很好的指导作用。

本书适用于山东省农村公路新建、改建以及翻修工程中的路面工程，也可供其他省份相关管理与技术人员参考使用。

图书在版编目(CIP)数据

山东省农村公路建设与养护技术指南. 第3分册，路面工程 / 山东省交通运输厅组织编写. —北京：人民交通出版社股份有限公司，2014.11

ISBN 978-7-114-11872-2

Ⅰ.①山… Ⅱ.①山… Ⅲ.①农村道路—道路工程—建设—山东省—指南 ②农村道路—公路养护—山东省—指南 ③农村道路—路面—道路施工—山东省—指南 Ⅳ.①U418-62

中国版本图书馆CIP数据核字(2014)第275149号

山东省农村公路建设与养护技术指南丛书

书　　名：山东省农村公路建设与养护技术指南　第三分册　路面工程
著 作 者：山东省交通运输厅
责任编辑：郑蕉林　李　瑞
出版发行：人民交通出版社股份有限公司
地　　址：(100011)北京市朝阳区安定门外外馆斜街3号
网　　址：http://www.ccpress.com.cn
销售电话：(010)59757973
总 经 销：人民交通出版社股份有限公司发行部
经　　销：各地新华书店
印　　刷：北京市密东印刷有限公司
开　　本：880×1230　1/16
印　　张：8.25
字　　数：185千
版　　次：2016年1月　第1版
印　　次：2016年1月　第1次印刷
书　　号：ISBN 978-7-114-11872-2
定　　价：30.00元

山东省交通运输厅关于发布《山东省农村公路建设与养护技术指南(试行)》的通知

鲁交建管函〔2015〕25号

各市交通运输局(委)、厅直有关单位:

为进一步加强全省农村公路技术支持和业务指导,提升农村公路建设和养护工作水平,经省厅研究同意,现发布《山东省农村公路建设与养护技术指南(试行)》,自2016年1月1日起执行。

请各有关单位在实践中注意积累资料,总结经验,及时将发现问题和修改意见函告省厅建设管理处(地址:济南市市中区舜耕路19号,邮编:250002,电话:0531-85693057),以便修订时研用。

山东省交通运输厅

2015年12月11日

前　　言

农村公路是支撑农业和农村经济社会发展的重要基础设施，加快农村公路建设是改善农村生产、生活条件，发展农村经济，解决“三农”问题的基础和前提。农村公路的建设对于推动农村经济社会又好又快发展具有极其重要的现实意义和深远的历史意义。

加快农村公路建设是山东省“十三五”交通工作的重要组成部分。为了提高农村公路建设养护技术水平，确保农村公路建设和服务质量，山东省交通运输厅结合本省农村公路建设和养护实际情况组织编写了本书。

本书全面系统地介绍了农村公路路面施工和养护技术的基本知识、技术要点。全书分两篇：上篇从工程材料、施工工艺、技术要点和质量控制等四个方面对农村公路路面工程建设技术进行了详细阐述；下篇系统介绍了农村公路路面养护技术，内容涵盖日常养护、季节养护、常见病害及处治措施等四个方面的内容。本书内容丰富、图文并茂、重在实用性和可操作性，主要供基层公路施工管理、技术人员使用。

在本书编写过程中，尽管我们作了很大努力，但由于全省各地区差异很大，很难全面吸收各单位的新工艺、新技术、新设备、新材料以及相关实用技术，加之作者水平有限，经验不足，时间紧迫，疏漏和错误之处在所难免，敬请读者批评指正。

主编单位：山东省交通规划设计院、山东交通学院、山东大学

主要编写人员：毕玉峰、李超、庞传琴、杨玉涛、张宏博、宋修广、刘培刚、孟涛、刘振广、刘伟、马川义、王健、陆岩、王玉兰、李春良

主要编审人员：于洪亮、高立平、张晓虎、王林、侯德藻、贾强、古成浩

主要技术支持人员：姚福林、胡振虎、赵子义、黄绍锋、王建华、张 浩、邵学良、孙开森、许维智、张世武、赵 勇、王焕杰、刘 波、姜晓艳、张广池、刘亚坤、郭启锋、王杰伟、钟竹林、郭忠启、陈祥金、卜照传、陈建华、郭 英、类延军、贾大新、刘东海、荆平平、田身泉、朱子坤、贾兵厂、张玉珊、高辉

编　者

2015 年 12 月

目　录

上篇　路面工程建设技术

第1章　总则…………………………………………………………………………… 3

1.1　目的 ……………………………………………………………………………… 3

1.2　适用范围 ………………………………………………………………………… 3

1.3　编制依据 ………………………………………………………………………… 3

1.4　总体要求 ………………………………………………………………………… 3

第2章　术语…………………………………………………………………………… 5

第3章　山东省农村公路路面典型结构……………………………………………… 9

第4章　路面施工准备工作 ………………………………………………………… 12

4.1　施工放线………………………………………………………………………… 12

4.2　土基准备………………………………………………………………………… 14

4.3　路槽施工准备…………………………………………………………………… 15

第5章　路面基层 …………………………………………………………………… 17

5.1　水泥稳定类基层………………………………………………………………… 17

5.2　石灰稳定类基层………………………………………………………………… 23

5.3　旧路冷再生基层………………………………………………………………… 27

5.4　粒料类基层……………………………………………………………………… 32

第6章　沥青类面层 ………………………………………………………………… 41

6.1　沥青混凝土面层………………………………………………………………… 41

6.2　沥青碎石面层…………………………………………………………………… 47

6.3　沥青表面处治…………………………………………………………………… 53

6.4　碎石封层………………………………………………………………………… 60

6.5　纤维碎石封层…………………………………………………………………… 65

6.6　微表处…………………………………………………………………………… 70

第 7 章　水泥混凝土面层 …… 75
7.1　水泥混凝土路面的构造与特点 …… 75
7.2　一般要求 …… 78
7.3　材料要求 …… 79
7.4　施工准备 …… 81
7.5　施工工艺 …… 81
7.6　质量控制 …… 87

下篇　路面工程养护技术

第 1 章　总则 …… 91
1.1　目的 …… 91
1.2　适用范围 …… 91
1.3　编制依据 …… 91
1.4　总体要求 …… 91
第 2 章　术语 …… 93
第 3 章　路面养护工程分类 …… 94
第 4 章　沥青路面养护 …… 95
4.1　沥青路面基本养护工作 …… 95
4.2　沥青路面常见病害及处治方法 …… 96
4.3　罩面 …… 107
4.4　翻修 …… 110
4.5　施工质量管理与检查验收 …… 111
第 5 章　水泥混凝土路面养护 …… 112
5.1　水泥混凝土路面日常养护 …… 112
5.2　水泥混凝土路面常见病害及处治方法 …… 114
5.3　水泥混凝土路面修复 …… 121
5.4　施工质量管理与检查验收 …… 123
参考文献 …… 124

上篇　路面工程建设技术

第1章　总则

1.1　目的

为加强山东省农村公路建设与养护的技术指导，确保建设质量，提高投资效益，根据公路工程相关技术规范，结合山东省农村公路建设实际，制定本指南。

1.2　适用范围

本指南适用于山东省县道、乡道、村道等各级农村公路路面新建、改建以及翻修工程。

1.3　编制依据

(1)《公路工程技术标准》(JTG B01—2014)。
(2)《公路沥青路面设计规范》(JTG D50—2006)。
(3)《公路水泥混凝土路面设计规范》(JTG D40—2011)。
(4)《公路路面基层施工技术细则》(JTG/T F20—2015)。
(5)《公路水泥混凝土路面施工技术细则》(JTG/T F30—2014)。
(6)《公路沥青路面施工技术规范》(JTG F40—2004)。
(7)《公路工程质量检验评定标准》(第一册土建工程)(JTG F80/1—2004)。
(8)《公路沥青路面再生技术规范》(JTG F41—2008)。

1.4　总体要求

(1)路面的施工应根据合同及设计文件、施工现场所处的气候、水文、地形等环境条件，选择满足质量指标要求、性能稳定的原材料，确定配合比、设备种类和施工工艺，进行详细的施工组织设计，建立完备的施工质量保障体系。

(2)路面施工应重视资源节约和环境保护，并注重生产作业安全及减少对通行车辆的影响。

(3)路面施工过程中应积极采用新技术、新材料、新工艺，应根据当地的自然环境条件和筑路材料特点以及具体的交通量大小，调整路面材料的级配，制订施工方案。路面所用新材料应通过室内试验检测，必要时可通过修建试验路进行性能观察后再使用。

(4)路面施工除遵守本指南的规定外，还应符合国家其他现行有关标准、规范的规定。

第2章　术语

2.0.1　农村公路

农村公路是全国公路网的有机组成部分，是农村重要的公益性基础设施，包括经交通主管部门认定的县道、乡道和村道。

2.0.2　县道

县道是指具有全县（含其他县级行政区划）政治、经济意义，联结县城和县内乡（镇）、重要商品生产和集散地的主要公路，以及不属于国道、省道的县际间的主要公路。

2.0.3　乡道

乡道是指主要为乡（镇）内部经济、行政服务的公路，以及不属于县道及以上公路的乡与乡之间和乡与外部联络的公路。

2.0.4　村道

村道是指直接为农民群众生产、生活服务，不属于乡道及以上公路的建制村与建制村之间和建制村与外部联络的主要公路。

2.0.5　路面

路面是指用各种筑路材料分层铺筑在路基上供车辆行驶的层状结构物。路面不仅直接承受行车荷载的作用，而且要经受自然因素和人为因素的作用。路面不仅应提供汽车全天候地行驶，而且应保证汽车以一定的速度，安全、舒适而经济地通行。因此，路面应具有足够的强度和刚度、良好的稳定性、足够的耐久性、较高的平整度和良好的表面抗滑性以及低噪声等性能。按面层所用材料的不同，路面可分为沥青路面、水泥混凝土路面和块料路面等类型，结构主要分为面层、基层、底基层和垫层四个层次。

2.0.6　面层

面层是直接承受行车荷载反复作用和自然因素影响，并将荷载传递到基层的路面结构层。它承受行车荷载的垂直力、水平力和冲击力的作用，同时还受到雨水的侵蚀和气温变化的影响。因此同其他结构层次相比，面层应具有较高的结构强度和刚度、良好的稳定性，而且应当耐磨、不透水，其表面还应有良好的抗滑性能和平整度。面层由一层或数层组成。修筑面层的材料可分为四种类型：水泥混凝土，沥青混合料，碎(砾)石混合料，水泥混凝土嵌锁式块料、整齐或半整齐块石。

2.0.7　基层

基层是指设置在面层之下，与面层一起承受行车荷载的反复作用，并将荷载传递到底基层、垫层、土基，起主要承重作用的结构层次。基层应具有足够的强度、刚度、水稳性和抗冻性。另外，基层应收缩性小、有足够的抗冲刷性和良好的平整度，与面层应有良好的结合能力。基层根据公路等级和交通量大小可设置一层或两层，上层称为上基层，下层则称为下基层，基层材料主要有无机结合料稳定类、有机结合料稳定类和无结合料的粒料类。无机结合料稳定类是指采用无机结合料(石灰、水泥)稳定集料或稳定土类，如水泥稳定类、石灰稳定类和石灰(或水泥)粉煤灰稳定类等；有机结合料稳定类包括沥青贯入式基层、热拌沥青碎石或乳化沥青碎石混合料以及沥青稳定土等；粒料类包括泥结碎石、泥灰结碎石、填隙碎石和级配碎(砾)石等；此外，贫混凝土也可作基层使用。

2.0.8　底基层

底基层是指设在基层之下，与面层、基层一起承受行车荷载的反复作用，并将荷载传递到垫层，起承重作用的结构层次。对底基层材料的强度指标要求比基层材料略低。视公路等级或交通量的大小，底基层可设置一层或两层，上层称为上底基层，下层则称为下底基层。设置底基层的目的在于分担承重作用以减薄基层厚度，并充分利用地方材料，以达到降低工程造价的目的。底基层可分为无机结合料稳定类和无结合料的粒料类。

2.0.9　垫层

垫层是指为改善土基的湿度和温度状况，以保证面层和基层的强度、刚度和稳定性不受土基水温状况变化影响，而在基层和土基之间采用水稳性和隔热性好的材料修筑而成的结构层次。在排水不良和有冰冻翻浆的路段通常应设置垫层，起排水、隔水、防冻、防污等作用。另外，垫层还起扩散行车荷载应力、减小土基的应力和变形，阻止路基土挤入基层而影响基层等结构性能的作用。对垫层材料强度的要求不一定要高，但水稳性和隔温性一定要好。常用垫层材料有两类：一类是用松散材料，如粗砂、砾石、炉渣、片石等修筑的透水性垫层；另一类是用整体性材料，如水泥或石灰煤渣稳定粗粒土、石灰粉煤灰稳定粗粒土等修筑的稳定性垫层。

2.0.10　水泥混凝土路面

水泥混凝土路面是指以水泥混凝土面板和基(垫)层所组成的路面。水泥混凝土路面包括普通混凝土、钢筋混凝土、连续配筋混凝土、预应力混凝土、钢纤维混凝土和装配式混凝土等几种，农村公路多采用普通水泥混凝土路面。由于水泥混凝土具有较高的强度和弹性模量，从路面力学特性上称为刚性路面。一般所说的水泥混凝土路面指无筋混凝土或素混凝土，除路面接缝区和局部范围外不配钢筋。与其他类型路面相比，水泥混凝土路面具有强度高、稳定性好、耐久性好、夜间行车有利等优点，但也具有水泥用量大、接缝多、开放交通迟和修复困难等缺点。

2.0.11　沥青路面

沥青路面是指在基层上，用沥青作结合料铺筑面层的路面结构。沥青路面包括沥青混凝土、沥青碎石、沥青贯入式、沥青上拌下贯、沥青表处和稀浆封层等几种。农村公路多采用沥青混凝土、沥青碎石和沥青表处路面。与水泥混凝土路面相比，沥青路面具有表面平整、无接缝、行车舒适、耐磨、振动小、噪声低、施工期短、养护维修简便、适宜分期修建等优点，属于应用比较广泛的一种路面结构。但是，沥青路面在温度、水、风、阳光等气候及行车作用的影响下，易产生车辙、推移、拥包、开裂、松散、剥落等病害。采用柔性基层的沥青路面结构属于柔性路面，其强度与稳定性在很大程度上取决于土基和基层的特性。

2.0.12　弹石路面

弹石路面是铺在砂垫层上用人工铺砌经过粗凿以后形成的半整齐石块，通过嵌缝填隙压实，成为一种坚固耐久、清洁少尘，适应中重型车辆通行，易于翻修、养护维修和投资较少、方便群众投工投劳的一种路面。弹石路面适宜在石料丰富的山区公路铺砌，也可在道路急弯陡坡地段、沿线城镇、村寨附近的路面以及土基尚不稳定的桥头填土和高填土路基地段铺砌，可在新施工的路段或在旧路面上加铺弹石路面面层。

2.0.13　沥青混合料

沥青混合料是由矿料与沥青结合料拌和而成的混合料的总称。按材料组成及结构分为连续级配、间断级配混合料。按矿料级配组成及空隙率大小分为密级配、半开级配、开级配混合料。按公称最大粒径的大小可分为特粗式（公称最大粒径大于31.5mm）、粗粒式（公称最大粒径等于或大于26.5mm）、中粒式（公称最大粒径16mm或19mm）、细粒式（公称最大粒径9.5mm或13.2mm）、砂粒式（公称最大粒径小于9.5mm）沥青混合料。按制造工艺分为热拌沥青混合料、冷拌沥青混合料、再生沥青混合料等。

2.0.14　水泥混凝土

水泥混凝土是满足路面摊铺工作性、弯拉强度、表面功能、耐久性及经济性等要求的水泥混凝土材料。

2.0.15　水泥稳定土

水泥稳定土是用水泥做结合料所得混合料的一个广义的名称，它既包括用水泥稳定各种细粒土，也包括用水泥稳定各种中粒土和粗粒土。在经过粉碎的或原来松散的土中，掺入足量的水泥和水，经拌和得到的混合料在压实和养生后，当其抗压强度符合规定的要求时，称为水泥稳定土。用水泥稳定细粒土得到的强度符合要求的混合料，视所用的土类而定，可简称为水泥土、水泥砂或水泥石屑等。用水泥稳定中粒土和粗粒土得到的强度符合要求的混合料,视所用原材料而定,可简称为水泥稳定碎石、水泥稳定砂砾等。

2.0.16　集料

集料由碎石(或砾石)、砂粒和粉粒(有时还可能有黏粒)组成。以碎石(或砾石)和砂粒为主的矿料混合料,统称为集料。粒径大于2.36mm的集料,称粗集料;粒径小于2.36mm的集料,称细集料。

2.0.17　石灰稳定土

在粉碎的或原来松散的土(包括各种粗、中、细粒土)中,掺入足量的石灰和水,经拌和、压实及养生后得到的混合料,当其抗压强度符合规定的要求时,称为石灰稳定土。用石灰稳定细粒土得到的强度符合要求的混合料,称为石灰土。用石灰稳定中粒土和粗粒土得到的强度符合要求的混合料,视所用原材料而定,原材料为天然砂砾土或级配砂砾时,称为石灰砂砾土;原材料为碎石土或级配碎石时,称为石灰碎石土。用石灰稳定原中级路面材料,使其适应做沥青路面和水泥混凝土路面的基层时,属于石灰砂砾土或石灰碎石土。

2.0.18　石灰工业废渣稳定土

一定数量的石灰和粉煤灰或石灰和煤渣与其他集料相配合,加入适量的水(通常为最佳含水率),经拌和、压实及养生后得到的混合料,当其抗压强度符合规定的要求时,称为石灰工业废渣稳定土(简称为石灰工业废渣)。一定数量的石灰和粉煤灰,一定数量的石灰、粉煤灰和土以及一定数量的石灰、粉煤灰和砂相配合,加入适量的水(通常为最佳含水率),经拌和、压实及养生后得到的混合料,当其抗压强度符合规定的要求时,分别简称为二灰、二灰土、二灰砂。用石灰和粉煤灰稳定级配碎石或级配砾石得到的混合料,当其强度符合要求时,分别称为石灰、粉煤灰级配碎石(简称二灰稳定碎石)和石灰、粉煤灰级配砾石(简称二灰稳定砾石)。这两种混合料又统称为石灰、粉煤灰级配集料(简称二灰稳定集料)。用石灰、煤渣和土以及石灰、煤渣和集料得到的强度符合要求的混合料,分别称为石灰煤渣土和石灰煤渣集料。

第 3 章　山东省农村公路路面典型结构

根据当地的地形、地质、气候等自然地理条件以及公路交通状况，可参照表 1-3-1 ~ 1-3-6 中县道、乡道和村道的路面典型结构初步拟定新建公路路面结构。在经济欠发达、筑路材料缺乏的地区以及地形条件受限制的山区，农村公路也可采用沥青贯入式、泥结碎石、弹石路面等作为路面结构层。各路面结构层具体厚度应根据当地气候、预测交通量以及筑路材料力学性质验算确定，具体验算方法见《公路沥青路面设计规范》（JTG D50—2006）、《公路水泥混凝土路面设计规范》（JTG D40—2011）。

县道沥青路面典型结构　　表 1-3-1

结构类型	Ⅰ	Ⅱ
结构层次	细粒式沥青混凝土（3cm ~ 4cm） 中粒式沥青混凝土（5cm ~ 7cm） 水泥（二灰）稳定碎石（36cm ~ 60cm） 二灰（水泥）稳定土（18cm ~ 30cm） 土基	细粒式沥青混凝土（3cm ~ 4cm） 中粒式沥青混凝土（5cm ~ 7cm） 水泥（二灰）稳定集料[①]（36cm ~ 60cm） 级配碎石/砂砾（20cm ~ 30cm） 土基
适用说明	交通量大的地区	交通量大且砂砾丰富的地区
结构类型	Ⅲ	Ⅳ
结构层次	细粒式沥青混凝土（3cm ~ 4cm） 沥青碎石（5cm ~ 7cm） 水泥（二灰）稳定碎石（15cm ~ 40cm） 石灰土（20cm ~ 30cm） 土基	细粒式沥青混凝土（3cm ~ 4cm） 沥青碎石（5cm ~ 7cm） 水泥（二灰）稳定集料（15cm ~ 40cm） 级配碎石/砂砾（20cm ~ 30cm） 土基
适用说明	交通量较大的地区	交通量较大且砂砾丰富的地区
结构类型	Ⅴ	Ⅵ
结构层次	沥青混凝土（4cm ~ 7cm） 水泥（二灰）稳定碎石（15cm ~ 30cm） 石灰土（20cm ~ 30cm） 土基	沥青混凝土（4cm ~ 7cm） 水泥（二灰）稳定碎石（15cm ~ 30cm） 旧路冷再生（15cm ~ 20cm）
适用说明	交通量中等且干燥路段	交通量中等且适宜旧路冷再生路段

县道水泥路面典型结构　　表1-3-2

结构类型	Ⅰ	Ⅱ
结构层次	水泥混凝土板(22cm~26cm) 水泥(二灰)稳定碎石(15cm~20cm) 二灰土/水泥土(20cm~30cm) 土基	水泥混凝土板(22cm~26cm) 水泥(二灰)稳定碎石(15cm~20cm) 级配碎(砾)石(20cm~30cm) 土基
适用说明	交通量大的地区	交通量大且石料丰富的地区
结构类型	Ⅲ	Ⅳ
结构层次	水泥混凝土板(22cm~26cm) 水泥石灰土(15cm~30cm) 二灰土(20cm~30cm) 土基	水泥混凝土板(20cm~24cm) 水泥(二灰)稳定集料(15cm~30cm) 未筛分碎(砾)石/手摆片石(20cm~30cm) 土基
适用说明	缺乏石料且干燥的地区	交通量小,经济欠发达的山区

乡道沥青路面典型结构　　表1-3-3

结构类型	Ⅰ	Ⅱ
结构层次	沥青混凝土(4cm~6cm) 水泥(二灰)稳定碎石(15cm~30cm) 石灰土(20cm~30cm) 土基	沥青混凝土(4cm~6cm) 水泥(二灰)稳定集料(15cm~30cm) 级配碎石/砂砾/旧路冷再生层(20cm~30cm)
适用说明	交通量需求较大的干燥路段	交通量较大的潮湿路段
结构类型	Ⅲ	Ⅳ
结构层次	沥青混凝土4cm 水泥(二灰)稳定碎石/水泥土/二灰土(15cm~30cm) 土基	纤维沥青碎石封层/微表处(0.5cm~1.5cm) 水泥(二灰)稳定碎石/旧路冷再生层(15cm~30cm) 级配碎石(18cm~30cm) 土基
适用说明	交通量中等路段	交通量中等路段
结构类型	Ⅴ	Ⅵ
结构层次	沥青表处(2.5cm~3cm) 下封层(0.5cm~1cm) 水泥土/二灰土(15cm~30cm) 土基	
适用说明	交通量小的路段	

乡道水泥路面典型结构　表1-3-4

结构类型	Ⅰ	Ⅱ
结构层次	水泥混凝土板(20cm~24cm) 水泥(二灰)稳定集料/水泥土(15cm~30cm) 石灰土/山砂(20cm~30cm) 土基	水泥混凝土板(20cm~24cm) 石灰土/石灰稳定集料(15cm~30cm) 土基
适用说明	交通量大,经济发达地区	交通量较小,经济欠发达地区

村道沥青路面典型结构　表1-3-5

结构类型	Ⅰ	Ⅱ
结构层次	沥青混凝土(4.0cm) 水泥(二灰)稳定碎石(15cm~30cm) 石灰土(18cm~30cm) 土基	沥青混凝土(4.0cm) 级配碎石(15cm~30cm) 填隙碎石(18cm~30cm) 土基
适用说明	交通量较大的干燥路段	交通量较大的潮湿路段
结构类型	Ⅲ	Ⅳ
结构层次	沥青表处(1.5cm~3.0cm) 水泥(二灰)稳定碎石(15cm~30cm) 石灰土(18cm~30cm) 土基	稀浆封层/碎石封层/微表处(1.0cm~1.5cm) 旧路冷再生层(15cm~30cm) 土基
适用说明	交通量较大的干燥路段	旧路改造路段

村道水泥路面典型结构　表1-3-6

结构类型	Ⅰ	Ⅱ
结构层次	水泥混凝土板(18cm~23cm) 水泥(二灰)稳定集料(15cm~30cm) 调平层②(10cm~15cm) 土基	水泥混凝土板(18cm~23cm) 石灰土/石灰稳定集料(15cm~30cm) 调平层(10cm~15cm) 土基
适用说明	经济条件好的地区	经济条件较好地区的潮湿路段
结构类型	Ⅲ	Ⅳ
结构层次	水泥混凝土板(18cm~23cm) 旧路冷再生层(15cm~30cm) 土基	水泥混凝土板(18cm~20cm) 块(拳)石基层/调平层(10~16cm) 土基
适用说明	旧路改造路段	经济欠发达地区

注:①集料可根据当地的地形、地质状况就地取材。

②调平层因地域不同而异,主要材料有石灰土、碎石(土)、砂砾(土)、未筛分碎石以及工业废渣等。

第4章　路面施工准备工作

4.1　施工放线

路面施工阶段的测量放样工作包括恢复中线、放样高程和测量边线。

路面施工是在路基土石方施工完成以后进行的。在路面底基层（或者垫层）施工前，首先应进行路槽放样。路槽放样包括两方面的内容：中线施工控制桩恢复放样和中平测量；路槽横坡放样。除面层外，各结构层横坡按直线形式进行放样。

4.1.1　路槽放线

如图1-4-1所示，在粗平的路基顶面上恢复中线，每隔10m加密中桩，再沿各中桩的横断面向两侧量出路槽宽度的一半 $C/2$，得到路槽的边桩，量出 $B/2$ 得到路肩边桩（曲线段设置加宽时，要在加宽的一侧增加加宽值），然后用放样已知点高程的方法使中桩、路槽边桩、路肩边桩的桩顶面高程等于路面施工完成后的路面高程（要考虑路面和路肩的横坡以及超高）。在上述这些边桩的旁边挖一个小坑，在坑中钉桩，然后用放样已知点高程的方法使桩顶高程附合于考虑过路槽横向坡度后的槽底的高程（要考虑因压实而加入一定的虚方厚度），以指导路槽的开挖和整修。农村公路一般采用挖路槽的路面施工方式，路槽修整完毕后，便可进行培路肩和路面施工。

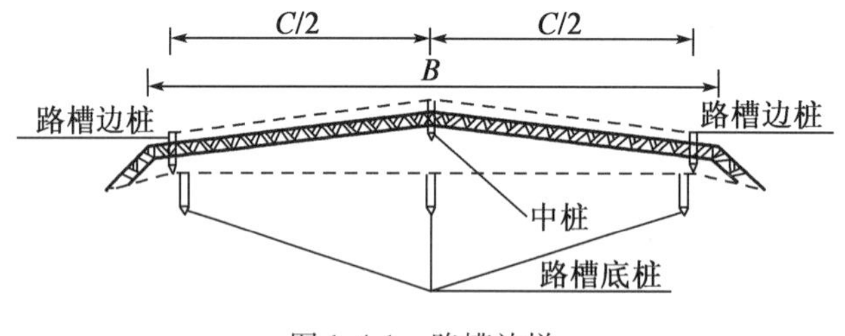

图1-4-1　路槽放样

机械施工时，木桩不易保存，因此路中心和路槽边的路面高程可不放样，而在路槽整修完成后，在路槽底面上放置相当于路面加虚方厚度的木块作为路面施工的标准。

4.1.2　路面放线

1）路面边桩的放样

路面边桩的放样可以先放出中线，再根据中线的位置和横断面方向用钢尺丈量放出边桩。放出边桩位置后，在相邻边桩之间，牵上线绳，撒上石灰，标示出边线位置。

2)路拱放样

对于水泥路面,其路拱(即路面顶面横坡)按直线形式放样。

对于中间没有分隔带的沥青路面,其路拱(面层顶面横坡)一般采用抛物线形路拱。如图1-4-2所示,从中线开始,按图示坐标形式放样,一般把路幅宽分为10等份。按式(1-4-1)计算:

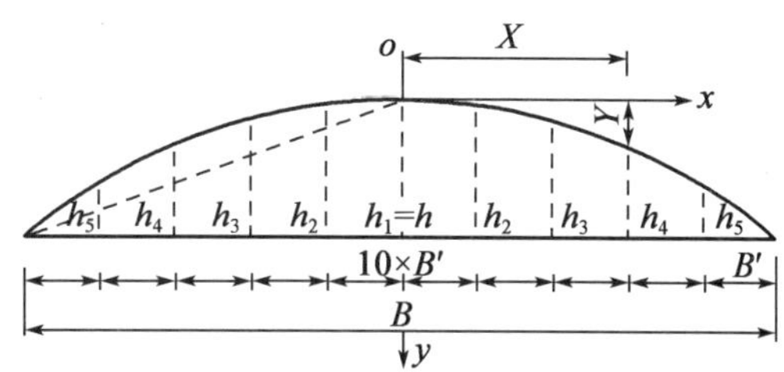

图1-4-2　抛物线形路拱

$$Y = \frac{4h^2}{B} \cdot X^2, \qquad B' = \frac{B}{10},$$

$$h_1 = h = \frac{B}{2} \cdot i, \qquad h_2 = 0.96h, \tag{1-4-1}$$

$$h_3 = 0.84h, h_4 = 0.64h, h_5 = 0.36h$$

式中:X——离中线的横向距离;

Y——相应于X各点的竖向距离;

B——车道宽度(即路面宽);

h——路拱高;

h_j——放样点路拱高,$j = 1, 2, \cdots, 5$;

i——横坡度(%),一般为2%~3%。

沥青路面的路拱放样一般采用路拱样板进行,在施工过程中逐段检查。

4.1.3　路面放样精度要求

路面放样的精度要求,应按照不同路面的相应规定执行。具体可按《公路工程质量检测评定标准　第一册　土建工程》(JTG F80/1—2004)的相关条款执行,见表1-4-1~表1-4-4。

水泥路面面层放样精度要求　　表1-4-1

序　号	检 查 项 目		水泥混凝土面层
1	中线平面偏位(mm)		±20
2	纵断高程(mm)		±15
3	宽度(mm)	有侧石	±20
		无侧石	
4	横坡(%)		±0.25

注:表中数据为规定值或允许偏差。

沥青路面面层放样精度要求　　　　表 1-4-2

序　号	检 查 项 目		沥青贯入式面层	沥青表面处治面层
1	中线平面偏位(mm)		±30	±30
2	纵断高程(mm)		±20	±20
3	宽度(mm)	有侧石	±30	±30
		无侧石	不小于设计值	不小于设计值
4	横坡(%)		±0.5	±0.5

注:表中数据为规定值或允许偏差。

基层和底基层放样精度要求　　　　表 1-4-3

序　号	检 查 项 目	基　层	底 基 层
1	中线平面偏位(mm)	±50	±50
2	纵断高程(mm)	+5, -15	+5, -20
3	宽度(mm)	不小于设计值	不小于设计值
4	横坡(mm)	±0.5	±0.5

注:表中数据为规定值或允许偏差。

水泥稳定粒料基层和底基层放样精度要求　　　　表 1-4-4

序　号	检 查 项 目	基　层	底 基 层
1	中线平面偏位(mm)	±50	±50
2	纵断高程(mm)	+5, -15	+5, -20
3	宽度(mm)	不小于设计值	不小于设计值
4	横坡(%)	±0.5	±0.5

4.2　土基准备

4.2.1　施工前应确保运送材料通道基本平整畅通,不得延误运输时间,碾坏路基。新建或边通车边改建的路面工程,需要配备专人实行交通管制。混合料搅拌厂应有满足堆料和停车要求的场地,原材料运输车辆和各种混合料运输车辆不应相互干扰,有独立的运料进出口。建立摊铺现场和搅拌场之间快速有效的通信与调度指挥系统。

4.2.2　下承层准备。施工前对下承层(土基或垫层)按质量检验标准进行验收。土基应稳定、密实、均质,对路面结构提供均匀的支承。对桥头、软基、高填方、填挖方交界等处的路基段,应进行连续沉降观测,并采取切实有效的措施保证路基的稳定性。检查验收的内容有高程、宽度、横坡度、平整度、压实度(路基或半刚性底基层)及弯沉值(柔性底基层)。下承层表面应平整、坚实,具有规定的路拱,没有任何松散材料和软弱地点。

不论是路堤或路堑的土基,必须根据土质类型、填土高度、路面结构等实际情况,用适当类型的压路机械碾压 3 ~4 遍,以便对土基状态进行检验。在碾压过程中,如发现土过干，表层松散，应适当洒水；发现土过湿，有“弹簧”现象，应挖开晾晒、换土、掺石灰或粒料等。在有泉水、渗水的路基段，应加设排水盲沟、渗沟或设排水垫层。

基层的下承层若是底基层，应进行压实度检查或碾压检查。对于柔性底基层还要进行弯沉值检测。凡不符合设计要求的路段，必须根据具体情况，分别采用补充碾压、加厚底基层、换填好材料、挖开晾晒等措施，使其达到标准。底基层上的低洼和坑洞，应仔细填补及压实，对搓板及辙槽应刮除，松散处应耙松、洒水并重新碾压。在槽式断面的路段，两侧路肩每隔一定距离（5 ~ 10m）应交错开挖泄水沟（或做盲沟）。要对每个断面检查其下承层高程是否符合要求。

4.3　路槽施工准备

在修建各种路面之前，应在要修建的路面下先修筑路槽，以便把路面材料铺到槽里，经碾压后使路面更加稳定坚实。

一般路槽有挖槽式、培槽式和半挖半培式三种，如图1-4-3所示。

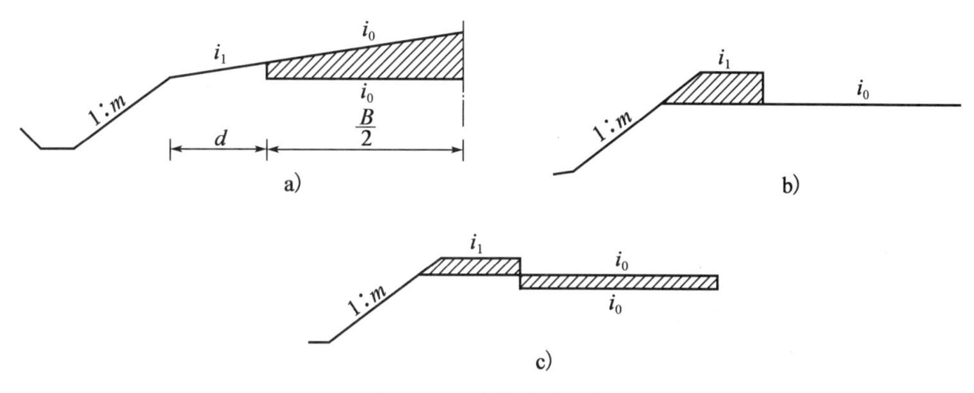

图1-4-3　路槽形式示意图

a）挖槽式；b）培槽式；c）半挖半培式

B-路面宽；d-路肩宽；m-边坡坡度；i_0-路面坡度；i_1-路肩坡度

4.3.1　挖槽式

（1）放样。根据测量放样，沿边线每隔50 ~ 100m（变坡点和超高部分应加桩），从路肩部位挖一个50 ~ 100cm宽的横槽，槽底深度即为路槽底高程。考虑到路槽土开挖、压实后可能下沉，故开挖深度应比设计深度有所减少。一般路槽深度减少开挖参考值见表1-4-5。

路槽深度减少开挖值　　表1-4-5

路槽种类及性质	减少开挖深度（cm）		路槽种类及性质	减少开挖深度（cm）	
	机械施工	人工施工		机械施工	人工施工
碎砖旧路面	1 ~ 3	2 ~ 3	坚硬土	3 ~ 5	3 ~ 5
碴石底层	5 ~ 10	5 ~ 7	松软土	8 ~ 10	5 ~ 10

（2）开挖。用平地机或松土机配合推土机联合开挖，或人工开挖到相应高程，并将弃

土堆放路肩备用或运走。

(3)修整。路槽挖出后,检验槽底坡度,不符合要求的应人工适当整修或培填,培填土要分层整实。

用10~12t压路机碾压,直线路段由路边逐渐移向路中心,曲线路段由弯道内侧向外侧进行碾压。碾压至规定压实度,并无明显轮迹即可。

4.3.2　培槽式

(1)培肩。根据测量放样的边线位,先将培肩部分的杂草和杂物清除掉,然后用机械或人工进行培肩。培肩宽度应伸入路内15~30cm,每层虚方厚度不宜大于30cm。

(2)碾压。路肩培好后,应用履带拖拉机往返压实。

(3)恢复边线。同测量放线,将路槽边线基本恢复。

(4)清槽。根据恢复的边线,按挖槽的方式,用机械或人工铲去培肩时多余的土,然后整修、碾压。

4.3.3　路槽质量检测

(1)外观质量检查

碾压无颤动,无翻浆,表面无明显轮迹,无起皮现象,路槽边线顺直。

(2)质量检测要求

路槽各部分检测项目主要有压实度、弯沉、平整度、纵面高程、宽度,检验方法、要求与路基检测相同。

4.3.4　其他准备工作

除上述准备工作外,还有施工计划安排、材料准备(包括材料备料和质量试验)以及铺筑试验路等工作。

第5章　路面基层

5.1　水泥稳定类基层

5.1.1　材料要求

1）水泥

普通硅酸盐水泥、矿渣硅酸盐水泥和火山灰质硅酸盐水泥都可用于稳定土，但应选用终凝时间较长的水泥（宜在6h以上）。快硬水泥、早强水泥及已受潮变质的水泥不应使用，宜使用强度等级较低的水泥（如强度等级为32.5级或42.5级的水泥）。

2）土

凡是能被经济地粉碎的土，都可用水泥稳定。有机质含量超过2%的土，必须先用石灰处理，闷料一夜，再用水泥稳定。硫酸盐含量超过0.25%的土，不应用水泥稳定。

水泥稳定粒径较均匀的砂时，宜在砂中添加少量塑性指数小于10的黏性土或石灰土，也可添加粉煤灰，加入比例一般为20%～40%，以使混合料的标准干密度接近最大值为依据确定。

3）粗集料

稳定土用做二级和二级以下公路的底基层时，颗粒最大粒径不应超过53mm；用做基层时，集料粒径不应超过37.5mm。

稳定土中碎石和砾石的抗压碎能力应符合相关要求，见表1-5-1。

粗集料压碎值表　　表1-5-1

<table>
<tr><th colspan="2">公路等级
材料类型和使用层位</th><th>二级公路</th><th>二级以下公路</th></tr>
<tr><td rowspan="2">水泥稳定土</td><td>基层</td><td colspan="2">不大于35%</td></tr>
<tr><td>底基层</td><td colspan="2">不大于40%</td></tr>
<tr><td rowspan="2">石灰稳定土</td><td>基层</td><td>不大于30%</td><td>不大于35%</td></tr>
<tr><td>底基层</td><td colspan="2">不大于40%</td></tr>
<tr><td rowspan="2">石灰工业废渣稳定土</td><td>基层</td><td colspan="2">不大于35%</td></tr>
<tr><td>底基层</td><td colspan="2">不大于40%</td></tr>
</table>

用集料压碎值表示石料的抗压碎能力，便于工地试验室进行试验和控制。压碎值与集料中的扁平状、长条颗粒含量有关。

4)水泥剂量

稳定土中的水泥量主要取决于混合料的强度,同时考虑混合料的干缩性能。水泥稳定土施工时,工地实际采用的水泥剂量应比室内试验确定的剂量多0.5%～1.0%,集中厂拌法施工时宜增加0.5%;路拌法施工时宜增加1.0%。水泥的最小剂量应符合相关要求,见表1-5-2。

水泥最小剂量　表1-5-2

土类＼拌和方法	路拌法	集中(厂)拌和法
中粒土和粗粒土	4%	3%
细粒土	5%	4%

5)混合料强度要求

在不同等级的道路和不同的结构层中,试件在规定温度下保温养生6d,浸水1d后,进行无侧限抗压强度试验,其代表值应符合相关要求,见表1-5-3。

混合料强度要求　表1-5-3

材料类型和使用层位＼公路等级		二级和二级以下公路(MPa)
水泥稳定土	基层	2.0～5.0
	底基层	1.0～4.0
石灰稳定土	基层	≥0.8
	底基层	0.5～0.7
二灰混合料	基层	≥0.8
	底基层	≥0.5

5.1.2　施工工序

基层施工常用的方法主要有路拌法和厂拌法。在农村公路建设中,路拌法施工是一种较为常用的方法。同时,厂拌法具有拌和均匀、能有效控制拌和质量、施工时间短等优点,在农村公路建设中应用也越来越广泛。另外,各地结合生产实践,提出了堆拌法施工,也日益成为农村公路常用的施工方法。路拌法施工工序如图1-5-1所示,厂拌法施工工序如图1-5-2所示。

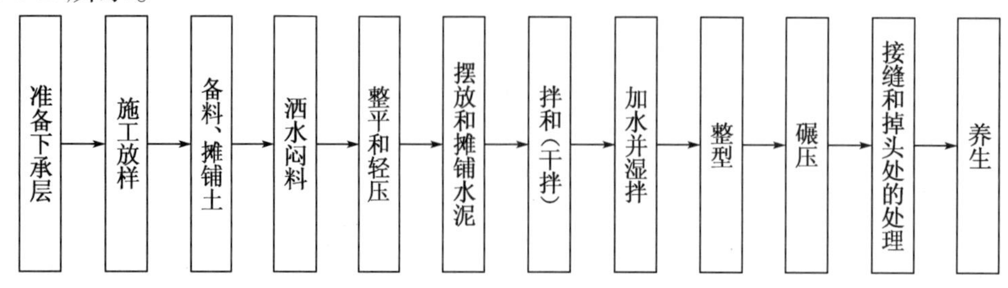

图1-5-1　路拌法施工工序

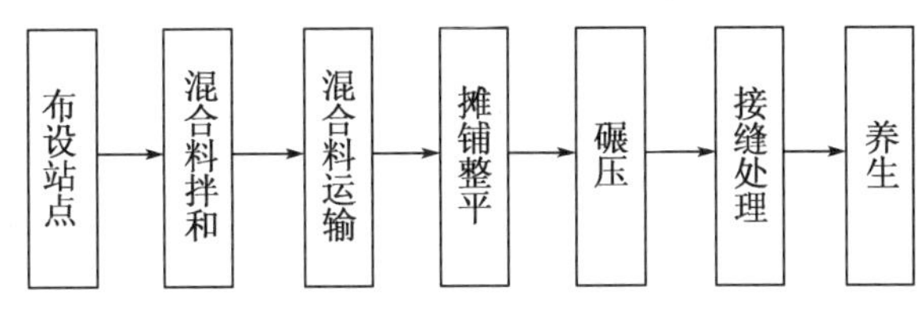

图1-5-2　厂拌法施工工序

5.1.3　施工要点

1)路拌法施工

路拌法施工应流水作业,逐段依次施工,根据施工能力确定每个施工段的长度,一般以300~500m为宜,在施工过程中应注意以下要点:

(1)准备下承层。水泥稳定土的下承层表面应平整、坚实,具有规定的路拱,下承层的平整度和压实度应符合《公路路面基层施工技术细则》(JTG/T F20—2015)的规定。凡不合格的路段必须采取措施,使其达到质量检验标准。底基层或老路面上的低洼和坑洞,应仔细填补及压实;搓板和辙槽应刮除;松散处,应耙松洒水并重新碾压,达到平整密实。

(2)施工放样。由测量人员进行恢复中线、设置中桩、边桩和高程测量,直线段每15~20m设一桩,平曲线段每10~15m设一桩,在各桩点准确标出设计高程。

(3)备料、摊铺集料。根据设计宽度、厚度及预定的干密度,计算各路段所用的干集料数量。根据集料天然含水率和运料车辆吨位,计算出每车料堆放距离,并在施工前堆放好集料。在预定堆料的下承层上,堆料前应先洒水,使其表面湿润,但不应过分潮湿而造成泥泞。集料松铺系数、堆放间距等可参照垫层的施工方法确定。根据集料天然含水率情况,一般应在施工前4~5h洒水闷料。

(4)整平。用平地机将土均匀地摊铺在预定的宽度上,表面力求平整,并有规定的路拱,及时检查松铺层的厚度,必要时进行减料和补料工作。如已整平的集料含水率过小,应洒水闷料。

(5)摆放和摊铺水泥。根据各段水泥稳定砂砾的厚度、预定的干密度及水泥剂量,计算$1m^2$水泥用量、每袋水泥的摊铺面积和每袋水泥的纵向间距。然后摊放水泥,打开水泥袋,把水泥倒在砂砾层上,将水泥均匀摊开,水泥摊铺后应没有空白位置,也没有水泥过分集中的地点。

(6)拌和。对二级及二级以上公路,应采用专用稳定土拌和机进行拌和并设专人跟随拌和机,随时检查拌和深度并配合拌和机操作员调整拌和深度。拌和深度应达稳定层底并宜侵入下承层5~10mm,以利上下层黏结。严禁在拌和层底部留有素土夹层。通常应拌和两遍以上,在最后一遍拌和之前,必要时可先用多铧犁紧贴底面翻拌一遍。直接铺在土基上的拌和层也应避免素土夹层。对于三、四级公路,在没有专用拌和机械的情况下,可用农用旋转耕作机与多铧犁或平地机相配合进行拌和,但应注意拌和效果,拌和时间不能过长。

在上述拌和过程中,随时检测混合料的含水率,一般宜大于最佳含水率0.5%~1%。

如没有检测设备,也可用经验法观察,一般混合料手抓成团,扔即分散,说明含水率是比较合适的。如果含水率不足,应补充洒水。补水后应再次进行拌和,使水分在混合料中分布均匀。拌和均匀的混合料应色泽一致,没有灰条、灰团和花面,无明显粗细料离析现象。

有条件的地区可在翻拌前两遍后用稳定土拌和机再拌和一遍。对于桥(涵)头等不易拌和均匀之处,应人工拌和。

(7)整型、碾压。拌和完成后,应立即用平地机初步整型。直线段平地机由两侧向路中心进行刮平,平曲线超高段由内侧向外侧进行刮平,对于局部低洼处,应用齿耙将其表层5cm以上耙松,并用新拌的混合料进行找平。再用平地机整型一次,将高处料直接刮出路外,不应形成薄层贴补现象。最后用平地机整型一次,形成规定的坡度和路拱。平地机整型的遍数不宜过多,否则极易出现粗料集中的情况,施工中要特别注意。

用12~15t压路机静压1~2遍,接着用振动压路机在全宽内进行碾压。直线段和不设超高的平曲线段由两侧向路中心碾压,碾压时应重叠1/2轮宽,后轮必须超过两段接缝处,平曲线超高段由内侧向外侧碾压。一般需要碾压6~8遍,碾压速度前两遍宜采用1.5~1.7km/h,以后宜采用2.0~2.5km/h,直到表面无明显轮迹并经现场检测达到规定的压实度为止。从拌和到碾压终了,水泥稳定土基层施工时间原则上不能超过3~4h,并应短于水泥的终凝时间。

在碾压过程中水泥稳定集料的表面应始终保持潮湿,如表层水蒸发过快应及时补洒少量的水。在碾压结束之前,用平地机再找平一次,使其纵向顺适、路拱超高符合设计要求,找平应仔细进行,必须将局部高出部分刮出路外,对于局部低洼之处不再进行找补,待铺筑沥青面层时处理。

(8)养生。每一施工段碾压完成后应立即开始养生,可用洒水车洒水养生。养生期一般为7d,整个养生期应始终保持基层顶面湿润,除洒水车外,任何车辆不得通行。有条件的施工单位可采用塑料薄膜覆盖养生的方法,以减少洒水次数,节约工程造价。

2)厂拌法施工

(1)水泥稳定土可以在中心站用厂拌设备进行集中拌和。集中拌和时配料应准确,拌和应均匀;含水率宜略大于最佳值,使混合料运到现场摊铺后碾压时的含水率不小于最佳值;不同粒径的碎石或砾石以及细集料(如石屑和砂)应隔离,分别堆放。

(2)在正式拌制混合料之前,必须先调试所用的设备,使混合料的颗粒组成和含水率都达到规定的要求。原集料的颗粒组成发生变化时,应重新调试设备。

(3)在潮湿多雨地区或其他地区的雨季施工时,应采取措施,保护集料,特别是细集料(如石屑和砂等)应有覆盖,防止雨淋。应根据集料和混合料含水率的大小,及时调整加水量。

(4)应尽快将拌成的混合料运送到铺筑现场。车上的混合料应覆盖,减少水分损失。

(5)应采用沥青混凝土摊铺机或稳定土摊铺机摊铺混合料。如下承层是稳定细粒土,应先将下承层顶面拉毛,再摊铺混合料。拌和机与摊铺机的生产能力应互相匹配。在摊铺机后面应设专人消除粗细集料离析现象,特别应铲除局部粗集料"窝",并用新拌混合料填补。

(6)宜先用轻型两轮压路机跟在摊铺机后及时进行碾压,后用重型振动压路机、三轮压路机或轮胎压路机继续碾压密实。

3)堆拌法施工要点

农村公路项目多、地点分散、规模小,可以采用堆拌法施工,即用装载机将水泥和集料进行集中翻拌,然后均匀摊铺在施工路段上。该方法能够有效提高水泥稳定集料的拌和均匀性,而且避免出现素砂砾层,保证了水泥稳定集料层的厚度。

水泥稳定集料基层堆拌法施工工艺除拌和方法与路拌法不同外,其余施工过程基本相同。堆拌过程主要包括准备场地、备料、摊料、洒水闷料、拌和、整平施工等。

(1)准备场地。堆拌可在施工路段进行(也可在施工路线附近找一处地面平整的场地进行混合料拌和,以避免直接在下承层上拌和而对下承层造成破坏)。备料前,应将场地清理干净,并碾压密实。

(2)备料、摊料。计算集料用量,并用自卸汽车将集料直接运至已完工成型的下承层上。卸料要整齐,纵向必须成行,必要时可预先标出每车的卸载位置。用推土机或装载机将备好的集料大致以梯形推开,在下承层上沿路线方向以条状码好,使其上表面形成槽状向前延伸,并保证推平后,各段厚度基本一致。

(3)洒水闷料。施工前用洒水车对集料进行洒水闷料,减少拌和时的水泥损失,并使混合料保持一定的含水率。注意一定要将集料闷透,使集料在拌和时能保持较好的湿度。但应控制洒水量不宜过大,以防止对下承层产生过度浸泡。一般来说"手抓成团、扔即分散",即可认为集料已达到合适的湿度。

(4)拌和。根据水泥剂量、集料含水率及最大干密度计算出每延米的水泥用量。在码好的集料边沿以2~3m宽的间隔打上标线,按计算的水泥用量,人工均匀地撒在标线范围内。

用装载机将结合料按堆码放在下承层上,然后采用2~3台装载机进行翻拌。翻拌时,装载机应注意将混合料举到最大高度后,再缓慢向下撒料,撒料时应连续抖动铲斗,不可一次性全部倒下,以免影响拌和质量。如在施工路段上翻拌,应将铲齿全部拆除,防止对下承层造成破坏。在施工路段以外拌和时,要用装载机配合自卸汽车倒运混合料。翻拌时注意必须消除夹"素土"现象,拌和后,混合料要均匀,色泽一致,没有灰条、花面,没有粗细集料"窝",且料质均匀,否则不得使用,应继续拌和至符合要求为止。

(5)整平施工。混合料拌和均匀后,采用装载机按试验路段确定的松铺厚度在路两侧预先测好的高程样点处摊开,采用平地机结合人工找补的方式整平,整平时控制桩用水准仪进行跟踪测设并及时用白灰或红油漆做出标记,指导平地机按设计高程进行整平,测设点分布密度一般为10m左右。

4)施工注意事项

(1)正式开工之前应铺筑试验段,长度一般以200m为宜。尤其是采用现行施工规范中未提及的施工机械设备时要严格按照有关要求铺筑试验段。铺筑试验段主要确定以下项目:

①用于施工的水泥、集料配合比例。

②松铺系数。路拌法松铺系数一般在1.12～1.15，厂拌法和堆拌法松铺系数为1.30～1.35。

③确定顺序、速度、遍数，确定拌和、运输、摊铺和碾压机械的协调和配合，确定拌和均匀的方法以及通过严密组织工序缩短水泥延迟时间等。

(2)严格控制作业段长度，要根据气温变化调整作业段长度。气温高，水分蒸发快，作业段长度应适当缩短，反之则可延长作业段长度。

(3)严格控制含水率。

①路拌法碾压过程中要控制好压路机振幅和碾压遍数，避免出现在含水率较大的情况下，压路机振动碾压遍数过多，造成水泥浆上浮，在基层顶面形成灰色的“硬壳”，也就是所谓的“顶浆过振”，在车辆荷载作用下，很容易破碎，出现坑槽。

②厂拌法或堆拌法含水率过大，碾压时会出现“弹簧”、“波浪”现象，影响混合料达到预期的平整度、密实度和强度，加重结构层产生干缩裂缝，使其难以稳定成型；含水率过小，混合料松散，不易碾压成型，同样也会影响混合料的密实度和强度。

③对于路拌法和堆拌法，在实际施工中可采用“二次洒水”，即拌和时略小于最佳含水率，初压后二次洒水补足，不但有利于混合料拌和均匀，也避免了初期水分过多成型后易出现干缩裂缝的缺陷。

(4)碾压要采用“初压、振压、重压、稳压”的工序。初压使混合料相对稳定，便于整型。振压使水泥分布均匀，粒料正确就位。重压才能达到最佳密实度，获得足够的强度。稳压则进一步使表面粒料稳定并消除重压时产生的轮迹。

(5)加强养生期间的管理。在条件允许的情况下，宜尽早洒布透层油。洒水养生要采用雾状喷洒养生，以免水流压力过大，将基层表面冲刷出坑槽。由于基层初期强度较低，应严格控制交通，禁止车辆在基层强度尚未形成之时通行。若不能封闭交通，应限制重车通行，且车速不应超过20km/h。

(6)注意施工不同作业段的接缝处理。

①同日施工的两工作段的衔接处应搭接拌和。第一段拌和后预留5～8m不再碾压；第二段施工时应对第一段预留部分再加部分水泥，重新拌和，并与第二段一起碾压。不同日施工段要将混合料碾压密实后，做成斜坡状，下次施工时将斜坡挖除。末端挖成与路中心线垂直向下的断面，高程和平整度符合要求，其他部分全部清除掉。摊铺时应将断面处充分洒水，保证接合质量。

②采用两幅施工时，要处理好纵向接缝。第一幅摊铺要超出设计宽度30cm，进行第二幅摊铺前将前一幅超宽部分挖除。挖除时用平地机配合人工将松散部分清除，挖成与路中心线垂直向下的断面，并浇水或浇洒稀水泥浆。

(7)施工中应严格控制基层厚度和高程，其路拱横坡应与面层一致，压实度要达到97%以上。若出现车槽(坑槽)松散，应采用相同材料修补压实，严禁用松散粒料填补，严禁用薄层贴补法进行找平。

(8)严禁压路机在已完成和正在碾压的路段上掉头和紧急制动。

5.1.4　施工质量控制要点

1)一般规定

水泥稳定土施工时应遵守以下规定:

(1)土块应尽可能粉碎,土块最大尺寸不应大于15mm。

(2)配料必须正确,水泥必须摊铺均匀(路拌法)。

(3)洒水、拌和必须均匀,并严格控制含水率。

(4)严格掌握基层厚度和高程,其路拱横坡应与面层一致。

(5)水泥稳定土应在处于或略大于最佳含水率时碾压,石灰稳定土混合料应在处于或略小于最佳含水率时进行碾压,直至达到要求的压实度。

(6)用12~15t三轮压路机碾压时,每层压实厚度不超过15cm。18~20t三轮压路机碾压时,不超过20cm。对于水泥稳定中粒土和粗粒土,采用功率大的振动压路机碾压时,或对于细粒土采用振动羊足碾与三轮压路机配合碾压时,其每层的压实厚度可根据试验适当增加。压实厚度超过上述规定时,应分层铺筑,每层的最小压实厚度为10cm,下层宜稍厚。对水泥稳定细粒土,应先用轻型压路机后用重型压路机碾压。

(7)水泥稳定土施工尽可能缩短从加水拌和到碾压终了的延迟时间。路拌法施工时,此时间应不超过3~4h,并应短于水泥的终凝时间。采用集中厂拌法施工时,延迟时间不超过2~3h。

(8)必须保湿养生,不使稳定土层面干燥,也不应忽干忽湿。

(9)水泥稳定土基层上未铺封层或面层时,除施工车辆可慢速通行外,禁止一切机动车辆通行。

(10)在稳定土基层施工时,严禁用薄层贴补法进行找平。

2)质量检测

(1)外观鉴定

①表面平整密实、无坑洼。

②施工接茬平整、稳定。

(2)检测项目详见《公路路面基层施工技术细则》(JTG/F F20—2015)。

5.2　石灰稳定类基层

粉碎的土和原状松散的土(包括各种粗、中、细粒土)中掺入适量的石灰和水,按照一定技术要求拌和,在最佳含水率下摊铺,压实及养生,其抗压强度符合规定要求的路面基层称为石灰稳定类基层。用石灰稳定细粒土得到的混合料简称石灰土,所做成的基层称石灰土基层(底基层)。

石灰稳定土适用于各级公路的底基层,以及二级和二级以下公路的基层。

5.2.1　石灰土

石灰土基层是用石灰和符合塑性指数要求的土与水经拌和、摊铺、压实成形后,作为面层以下的基层结构。这种基层结构常用于干燥和干旱地区,一般适用于二级以下公路。

1)材料要求

(1)原材料送检及配合比试验备料前选取土场、石灰样品送交试验部门,进行材料质量检验与配合比试验。

(2)原材料性能要求

①石灰

石灰质量应达到三级以上技术指标,使用前7~10d充分消解。常用剂量范围:对黏性土与粉性土为8%~14%,对砂性土则为9%~16%。

②土(集料)

所备土既要有黏性又要易粉碎,一般采用塑性指数15~20的黏土为宜,土块大小不宜超过15mm,应把草皮、树木等腐殖物清理干净。

③水

饮用水均适用。

2)施工工序及要点

石灰土基层施工工序为:

准备下承层──→备料──→拌和──→摊铺──→整型──→碾压──→养生。

(1)准备下承层

①下承层表面应平整、坚实,具有规定的路基宽度。

②恢复中线,直线段每15~20m设一桩,曲线段每10~15m设一桩,并在两侧路面边缘外设指示桩、挂线,标出石灰稳定土层边缘的设计高程。

(2)拌和

石灰土拌和主要有集中厂拌法和路拌法两种方式。从环保考虑,拌和时应尽量采用集中厂拌法。厂拌又分简便的装载机拌和与稳定土厂拌设备拌和。石灰稳定土厂拌设备拌和与水泥稳定土厂拌法基本相同,同时考虑农村公路施工条件,本书重点介绍装载机拌和法。

利用装载机拌和,要先确定装载机每斗粒料的容积,计算出每斗集料的质量,按质量比,以确定的配合比确定石灰用量。

在正式拌和混合料之前,将次日所用的粒料数量,按摊铺面积进行计算,以日进度的需要量为度,对所用的粒料进行洒水闷料,经过一夜的充分闷料,使含水率略大于最佳含水率1%~2%,同时根据气候变化,适当调整。

拌和时,首先算好装载机的“斗量”,按照闷料与石灰配比进行掺配,再用装载机对翻,倒位置翻拌3~4遍,直至均匀为止。

将拌和好的混合料运送到施工现场,运距较远时,车上的混合料应采取覆盖措施,防止水分过分蒸发。

(3)摊铺

①通过试验确定集料的松铺系数。

②摊铺前在下承层上洒水使其湿润,但要防止过分潮湿造成泥泞。

③用推土机配合人工,将混合料均匀地摊铺在预定宽度上。按规定的路拱设置横坡度。表面力求平整。摊铺过程中,应将超尺寸的颗粒及其他杂物清除。严禁其他车辆在摊铺了混合料的下承层上通行。

(4)整型

将铺筑的灰土层初步整型,用履带推土机初压1~2遍,根据实测的压实系数,控制横断面高程。进行挂线整型,并用路拱板校正成型,在整型过程中必须中断交通。

(5)碾压

①压实要求

a.整型后的灰土层,应在最佳含水率时压实,如表面水分不足,应适当洒水再行碾压,但不得大于最佳含水率。

b.用12~15t三轮压路机碾压时,每层的压实厚度不应超过15cm;用18~20t三轮压路机碾压时,每层的压实厚度不应超过20cm。压实厚度超过规定时,应分层铺筑,每层的最小厚度为10cm。

c.用12t以上三轮压路机、重型轮胎压路机或振动压路机在路基全宽范围内进行碾压。直线段由两侧路肩向路中心碾压,曲线段则由内侧路肩向外侧路肩进行碾压。碾压时,后轮应重叠1/2轮宽;后轮必须超过两段的接缝处,后轮碾压完路面全宽时,即为一遍。碾压直到达到要求的密实度为止,同时表面应无明显轮迹,一般需碾压6~7遍。压路机的碾压速度,前两遍以1.5~1.7km/h为宜,以后以2~2.5km/h为宜。

d.基层顶面的两侧应多碾压2~3遍。

②压实时的注意事项

a.严禁压路机在已完成的或正在碾压的路段上掉头和紧急制动,以避免稳定土层表面受到破坏。

b.碾压过程中,如有弹簧、松散、起皮等现象,应及时翻开重新拌和。

c.在碾压结束之前,必须将局部高出部分刮除并扫出路外,对于局部低洼处,不再进行找补,留待铺筑面层时处理。

(6)养生及交通管制

石灰土在养生期间,应保持一定的温度和湿度。养生期一般为一周左右。养生方法一般采用洒水、覆盖等方式,并禁止车辆通行。

(7)质量标准

必须保证石灰土基层的压实度、厚度、强度要求。在基层顶面,平整度、宽度、路拱横坡均应符合设计标准。基层表面应平整密实、无坑洼、无明显离析,施工接茬平整、无松散。

石灰土路拌法施工工艺:摊铺土──→整平和轻压──→摊铺石灰──→拌和──→整型──→压实──→横向接缝处理──→养生及交通管制。具体施工工艺与水泥稳定类基层相同。

小面积施工时,石灰土可以采用人工拌和,人工拌和可采用翻拌法或筛拌法。

①人工翻拌施工

摊铺材料初平后不用初压和洒水，人工用铁锨翻拌 2 遍，然后洒水至最佳含水率（略高 1% ~2%），然后再翻拌 3 遍以上，直至均匀。每次翻拌后将土块用铁锨、铁钉耙等工具打碎。

②人工筛拌法

将需稳定的土和消石灰按事先计算的数量运到路上分堆堆放，并将消石灰直接卸在土堆旁，土和消石灰混合或交替过孔径 15mm 的筛，筛余土块应随打碎随过筛。过筛以后，适当加水拌和到均匀为止。

5.2.2　石灰土稳定砂砾（碎石）

1）材料要求

（1）石灰、土、水的性能要求与石灰土相同。

（2）碎石。碎石应坚硬、洁净、不含风化石，压碎值应不大于 35%，最大粒径不应超过 37.5mm，且具有良好级配。碎石进场后，应按不同粒径分类堆放，掺配后应满足规范要求。

（3）砂砾。砂砾除含泥外，无其他杂质，最大粒径不应超过 37.5mm，具有良好级配。

（4）混合料。混合料的 7d 浸水无侧限抗压强度应不小于 0.8MPa。在低塑性土（塑性指数小于 7）地区，石灰土稳定砂砾（碎石）的 7d 浸水无侧限抗压强度应不小于 0.5MPa。

2）施工准备

（1）确定石灰土及石灰土稳定砂砾（碎石）的配合比、最大干密度和最佳含水率。工地实际采用的石灰剂量应比室内试验确定的剂量多 0.5% ~1.0%。采用集中厂拌法施工时，可只增加 0.5%；采用路拌法施工时，宜增加 1%。

（2）路基准备与石灰土相同。

路基准备情况同水泥稳定砂砾（碎石）。

3）石灰土稳定砂砾（碎石）路拌法施工

石灰土稳定砂砾路拌法施工工艺流程：摊铺砂砾（碎石）⟶整平和轻压摊铺土⟶摊铺石灰⟶拌和⟶整型⟶压实⟶横向接缝处理⟶养生及交通管制。具体施工工艺与水泥稳定砂砾（碎石）相同。

石灰稳定砂砾（碎石）施工时，也可将石灰和需添加的黏性土拌和均匀，然后均匀地摊铺在砂砾（碎石）层上，再进行拌和。

4）石灰土稳定砂砾（碎石）集中厂拌法施工

石灰土稳定砂砾（碎石）集中厂拌法施工工艺流程：混合料拌和⟶运输备料⟶整型⟶压实⟶横向接缝处理⟶养生及交通管制。

具体施工工艺与水泥稳定砂砾（碎石）相同。

另外，石灰土、石灰土砂砾（碎石）还可用旋耕机或装载机在场内集中拌和，然后运至现场施工。

旋耕机场内集中拌和法工艺流程：集中堆料⟶整平⟶稳压⟶摊铺石灰⟶用

旋耕机拌和──→将拌和均匀的灰土用推土机、装载机堆积装车运至施工现场──→按集中厂拌法施工。由于旋耕机拌和深度不足,因此不适合现场路拌。

装载机场内集中拌和法:在料场堆料、摊铺石灰后,用装载机堆放的过程中,使混合料从高处落下,反复数遍,直至均匀。拌和完后,用装载机将其堆放。

5.2.3　二灰土及二灰土稳定砂砾(碎石)

1)材料

(1)粉煤灰:SiO_2、Al_2O_3和Fe_2O_3的总含量应大于70%,烧失量不应超过20%;比表面积宜大于2 500cm^2/g(或90%通过0.3mm筛孔,70%通过0.075mm筛孔)。运到现场的粉煤灰,应含有足够的水分,防止扬尘。在干燥和多风的季节,应使料堆表面保持湿润,或者覆盖。如在堆放过程中,部分粉煤灰凝结成块,使用时应将灰块打碎。场地集中堆放的粉煤灰,应予覆盖,避免雨淋过分潮湿。干粉煤灰和湿粉煤灰都可以使用,湿粉煤灰的含水率不宜超过35%。

其他材料的要求与石灰土及石灰土稳定碎石(砂砾)相同。

(2)混合料

混合料的7d浸水无侧限抗压强度应不小于0.6MPa,为提高石灰工业废渣的早期强度,可外加1%~2%的水泥。

采用二灰土做基层时,石灰与粉煤灰的比例可用1:2~1:4(对于粉土,以1:2为宜),石灰粉煤灰与细粒土的比例范围是30:70~10:90。

采用二灰砂砾(碎石)做基层时,石灰与粉煤灰的比例可用1:2~1:4,石灰粉煤灰与集料的比应是30:70~20:80。

2)施工准备和施工

二灰土及二灰土稳定砂砾(碎石)的施工准备和施工与石灰土及石灰土稳定砂砾(碎石)相同。备料摊铺时,应在土或砂砾(碎石)摊铺完后,再摊铺粉煤灰,最后摊铺石灰。

5.3　旧路冷再生基层

5.3.1　材料要求

1)一般规定

(1)沥青路面再生混合料使用的各种材料运至现场后应进行质量检验,经评定合格后方可使用。

(2)不同的旧沥青路面材料(RAP)应分开堆放,不得混杂,保证材料均匀一致。不同料源、品种、规格的新集料不得混杂堆放。

(3)旧沥青路面材料(RAP)、新集料应堆放在预先经过硬化处理且排水通畅的地面上,多雨地区宜采用防雨棚遮盖。

2）沥青

（1）再生混合料使用的道路石油沥青，以及制作乳化沥青、泡沫沥青使用的道路石油沥青应符合现行《公路沥青路面施工技术规范》（JTG F40—2004）的规定。

（2）沥青必须按照品种、标号分开存放，在储运、使用和存放过程中应采取良好的防水措施，避免雨水或者加热管道蒸汽进入沥青中。

（3）乳化沥青、泡沫沥青和沥青再生剂等材料性能应满足《公路沥青路面再生技术规范》（JTG F41—2008）的相关质量要求。

（4）通常情况下，厂拌冷再生宜采用慢裂型乳化沥青，就地冷再生宜采用中裂型或者慢裂型乳化沥青。乳化沥青应在常温下使用，使用温度不应高于60℃。

（5）应根据旧沥青路面材料（RAP）中沥青老化程度、沥青含量、回收沥青路面材料（RAP）掺配比例、再生剂与沥青的配伍性，综合选择再生剂品种。

3）集料

粗细集料质量，应满足现行《公路沥青路面施工技术规范》的要求。单一粗细集料质量不能满足要求，但集料混合料性能满足要求的，也可以使用。

4）水泥、石灰、矿粉

（1）水泥作为再生结合料或者活性添加剂时，可以采用普通硅酸盐水泥、矿渣硅酸盐水泥、火山灰硅酸盐水泥。水泥的初凝时间应在3h以上，终凝时间宜在6h以上，不应使用快硬水泥、早强水泥。水泥应疏松、干燥，无聚团、结块、受潮变质。水泥强度等级可为32.5或42.5级。

（2）石灰作为再生结合料或者活性添加剂时，可以采用消石灰粉或者生石灰粉，石灰技术指标应符合现行《公路路面基层施工技术细则》（JTG/T F20—2015）的规定。石灰在野外堆放时间较长时，应覆盖防潮。

（3）再生混合料中使用的填料的质量技术要求，应满足现行《公路沥青路面施工技术规范》的要求。

5.3.2　沥青路面厂拌冷再生

厂拌冷再生，适用于对各等级公路的旧沥青路面材料（RAP）进行冷拌再生利用，再生后的沥青混合料根据其性能和工程情况，可用于一级公路沥青路面的底基层，二级公路沥青路面的基层和底基层，三、四级公路沥青路面的面层。当用于三、四级公路的上面层时，应采用稀浆封层、碎石封层、微表处等做上封层。厂拌冷再生可使用乳化沥青或者泡沫沥青作为再生结合料。

1）旧沥青路面材料（RAP）的回收、预处理和堆放

（1）旧沥青路面材料（RAP）的回收

①不同的旧沥青路面材料（RAP）应分别回收、分开堆放、不得混杂。旧沥青路面材料（RAP）的回收可选用冷铣刨、机械开挖等方式，应减少材料变异。

②旧沥青路面材料（RAP）在回收和存放时不得混入基层废料、水泥混凝土废料、杂

物、土等杂质。

(2)旧沥青路面材料(RAP)的预处理与堆放

①使用推土机、装载机等机具将一个料堆的旧沥青路面材料(RAP)充分混合,然后用破碎机或其他方式进行破碎,应使旧沥青路面材料(RAP)最大粒径小于再生沥青混合料最大公称粒径,不应有超粒径材料。不允许直接使用未经预处理的旧沥青路面材料(RAP)。

②根据再生混合料的最大公称粒径合理选择筛孔尺寸,将处理后的旧沥青路面材料(RAP)筛分成不少于两档的材料。

③经过预处理的旧沥青路面材料(RAP),可用装载机等将其转运到堆料场均匀堆放,转运和堆放过程中应避免旧沥青路面材料(RAP)的离析。

④旧沥青路面材料(RAP)应避免长时间的堆放,料仓中的旧沥青路面材料(RAP)应及时使用。

⑤使用旧沥青路面材料(RAP)时应从料堆的一端开始在全高范围内铲料。

2)混合料拌和

对拌和设备的要求:厂拌冷再生宜采用专用拌和设备。使用泡沫沥青作为再生结合料时还必须配备泡沫沥青发泡装置。拌和设备的生产能力应与摊铺设备的生产能力匹配。拌和时间应适宜,拌和后的冷再生混合料应均匀一致,无结团成块现象。

3)施工与养生

(1)下承层准备

厂拌冷再生层施工前,必须确认待施工路面的下承层满足要求。下承层应密实平整,强度符合设计要求。在摊铺冷再生层混合料之前宜在下承层表面喷洒乳化沥青,喷洒量为纯沥青时用量0.2~0.3kg/m^2。

(2)铺筑试验路段

铺筑试验路,长度不宜小于200m。从施工工艺、工程质量、施工管理、施工安全等方面验证施工配合比及施工方案和施工工艺的可行性,并为正常施工提供技术依据。

(3)摊铺

厂拌冷再生混合料应采用摊铺机摊铺,熨平板不需要加热。用于三级以下公路时也可以选择使用平地机摊铺。摊铺机必须缓慢、均匀、连续不断地摊铺,不得随意变换速度或者中途停顿。摊铺速度宜控制在2~4m/min范围内。当发现摊铺后的混合料出现明显离析、波浪、裂缝、拖痕时应分析原因,予以消除。

(4)压实

厂拌冷再生混合料每层压实厚度不宜大于160mm,且不宜小于60mm。根据再生层厚度、压实度等的需要,配备足够数量、吨位的钢轮压路机、轮胎压路机,按照试验段确定的压实工艺在混合料最佳含水率情况下进行碾压,保证压实后的再生层符合压实度和平整度的要求。

直线和不设超高的平曲线段,应由两侧路肩向路中心碾压;设超高的平曲线段,应由内侧路肩向外侧路肩碾压。压路机应以缓慢而均匀的速度碾压,初压速度宜为1.5~

3km/h，复压和终压速度宜为2～4km/h。严禁压路机在刚完成碾压或正在碾压的路段上掉头、紧急制动及停放。

(5)养生及开放交通

①冷再生层在加铺上层结构前必须进行养生，养生时间不宜少于7d。当能够在再生层取出完整的芯样或再生层含水率低于2%时，可以提前结束养生。

②养生方法。

在封闭交通的情况下养生时，可进行自然养生，一般无需采取措施。在开放交通的条件下养生时，再生层在完成压实至少1d后方可开放交通，但应严格限制重型车辆通行，行车速度应控制在40km/h以内，并严禁车辆在再生层上掉头和紧急制动。为避免车轮对表层的破坏，可在再生层上均匀喷洒慢裂乳化沥青(稀释至30%左右的有效含量)，喷洒用量折合纯沥青后宜为0.1～0.2kg/m^2。

③养生完成后，在铺筑上层沥青层前应喷洒黏层油。

5.3.3　沥青路面就地冷再生

1)一般规定

(1)沥青路面就地冷再生，适用于一、二、三级公路沥青路面的就地再生。沥青路面就地冷再生分为沥青层就地冷再生和全深式就地冷再生两种。对于一、二级公路，再生层可作为下面层、基层；对于三级公路，再生层可作为面层、基层，用作上面层时应采用稀浆封层、碎石封层、微表处等做上封层。

(2)沥青层就地冷再生应使用乳化沥青、泡沫沥青作为再生结合料；全深式就地冷再生既可使用乳化沥青、泡沫沥青等沥青类的再生结合料，也可使用水泥、石灰等无机结合料作为再生结合料。当使用水泥、石灰等作为再生结合料时，再生层只可作为基层。

(3)沥青路面就地冷再生时，再生层的下承层应完好，并满足所处结构层的强度要求。

(4)使用水泥、石灰等无机结合料作为再生结合料时的全深式就地冷再生，沥青层厚度占再生厚度的比例不宜超过50%。

2)施工准备

(1)铺筑试验路。

铺筑试验路，长度不宜小于200m。从施工工艺、工程质量、施工管理、施工安全等方面进行检验，确定工艺参数。

(2)就地冷再生机应满足以下要求：

①工作装置的切削深度可精确控制。

②工作宽度不应小于2.0m。

③喷洒计量精确可调，并与切削深度、施工速度、材料密度等联动；喷嘴在工作宽度范围内均匀分布，各喷嘴可独立开启与关闭。

④使用泡沫沥青时，还应具备泡沫沥青发泡装置。

(3)清除原路面上的杂物,根据再生层厚度、宽度、干密度等计算每平方米新集料、水泥等用量,均匀撒布。有条件的应优先采用水泥制浆车添加水泥。

3)再生

(1)综合考虑施工季节、气候条件、再生作业段宽度、施工机械和运输车辆的效率和数量、操作熟练程度、水泥终凝时间等因素,综合确定每个作业段的长度。

(2)在施工起点处将各所需施工机具顺次首尾连接,连接相应管路。冷再生施工设备一般包括:水罐车、乳化沥青罐车(使用泡沫沥青时为热沥青罐车)、水泥浆车(有条件时)、冷再生机、拾料机(必要时)、摊铺机(必要时)、压路机。

(3)启动施工设备,按照设定再生深度对路面进行铣刨、拌和。再生机组必须缓慢、均匀、连续地进行再生作业,不得随意变更速度或者中途停顿,再生施工速度宜为4~10m/min。

(4)单幅再生至一个作业段终点后,将再生机和罐车等倒至施工起点,进行第二幅施工,直至完成全幅作业面的再生。

(5)纵向接缝的位置应避开快、慢车道上车辆行驶的轮迹。纵向接缝处相邻两幅作业面间的重叠量不宜小于100mm。

4)摊铺

(1)沥青层就地冷再生,摊铺出的混合料不能出现明显离析、波浪、裂缝、拖痕。

(2)采用摊铺机或者采用带有摊铺装置的再生机进行摊铺的方法、要求与厂拌冷再生相同。

(3)使用平地机进行摊铺时,应符合下列规定:

①用轻型钢轮压路机紧跟再生机组初压2~3遍。

②完成一个作业段的初压后,用平地机整平。

③再次用轻型钢轮压路机在初平的路段碾压一遍,对发现的局部轮迹、凹陷进行人工修补。

④用平地机整型,达到规定的坡度和路拱,整型后的再生层表面应无明显的再生机轮迹和集料离析现象。

5)压实

(1)根据再生层厚度、压实度等的需要,配备足够数量、吨位的钢轮压路机、轮胎压路机,按照试验段确定的压实工艺进行碾压,保证压实后的再生层符合压实度和平整度的要求。

(2)沥青路面就地冷再生施工必须采用流水作业法,使各工序紧密衔接,尽量缩短从拌和到完成碾压之间的延迟时间。

(3)初压时混合料的含水率应比最佳含水率大1%~2%。碾压过程中,再生层表面应始终保持湿润,如水分蒸发过快,应及时洒水。

(4)就地冷再生层的压实厚度,使用乳化沥青、泡沫沥青时不宜大于160mm,且不宜小于80mm;使用水泥、石灰时不宜大于220mm,且不宜小于150mm。

(5)碾压过程中出现弹簧、松散、起皮等现象时,应及时翻开重新拌和,使其达到质量要求。

(6)可在碾压结束前用平地机再终平一次，使其纵向顺适，路拱和超高符合设计要求。

6)养生及开放交通

(1)使用乳化沥青、泡沫沥青的就地冷再生，养生和开放交通要求同厂拌冷再生工程。

(2)使用无机结合料的全深式就地冷再生，养生和开放交通应满足下列要求：

①碾压完成并经过压实度检查合格后的路段，应立即进行养生。养生可采用湿砂、覆盖、乳化沥青、洒水等方法。

②养生时间不宜少于7d，整个养生期内再生层表面应保持潮湿状态。养生期内禁止除洒水车辆以外的其他车辆通行。

③后续施工前应将再生层清扫干净。如果再生层上为无机结合料稳定材料层，应洒少量水湿润表面；如果其上为沥青层，应立即实施透层和封层；如果其上是水泥混凝土层，应尽快铺设，避免再生层暴晒开裂。

5.3.4　质量控制

冷再生基层的材料、施工过程和外形尺寸的质量控制和检查的项目、频度等，以及再生工程的检查验收应满足《公路沥青路面再生技术规范》(JTG F41—2008)的相关要求。

5.4　粒料类基层

5.4.1　级配碎石基层

级配碎石可用于各级公路的基层和底基层，也可用做较薄沥青面层与半刚性基层之间的中间层。

1)材料要求

(1)轧制碎石的材料可以是各种类型的岩石(软质岩石除外)、块石或矿渣。块石的粒径应是碎石最大粒径的3倍以上；矿渣应是已崩解稳定的，其干密度和质量应比较均匀。碎石中针片状颗粒的总含量应不超过20%。碎石中不应有黏土块、植物等有害物质。

(2)石屑或其他细集料可以使用一般碎石场的细筛余料，也可以利用轧制沥青表面处治和贯入式用石料时的细筛余料，或专门轧制的细碎石集料。也可以用天然砂砾或粗砂代替石屑。天然砂砾的颗粒尺寸应该合适，必要时应筛除其中的超尺寸颗粒。天然砂砾或粗砂应有较好的级配。

(3)当级配碎石用于二级和二级以上公路基层和底基层时，其最大粒径宜控制在31.5mm以下，并预先筛分成几组不同粒径的碎石(如37.5～19mm，19～9.5mm，9.5～4.75mm的碎石)及4.75mm以下的石屑组配而成。混合料应采用集中厂拌法拌制，并用摊铺机摊铺。

(4)当级配碎石用在其他等级公路上，其最大粒径应控制在37.5mm以内，级配碎石可用未筛分碎石和石屑组配而成。缺乏石屑时，可以添加细砂砾或粗砂，也可以用细颗粒组成合适的含细集料较多的砂砾与未筛分碎石组配成级配碎砾石。

(5)级配碎石或级配碎砾石用做二级和二级以下公路的基层时，其颗粒组成和塑性指数应满足表1-5-4中1号级配的规定。级配碎石用做一级公路的基层时，其颗粒组成和塑性指数应满足表1-5-4中2号级配的规定。同时，级配曲线宜为圆滑曲线。

级配碎石或级配碎砾石的颗粒组成范围　　表1-5-4

通过质量百分率(%) ＼ 分组		1	2
筛孔尺寸(mm)	37.5	100	
	31.5	90~100	100
	19.0	73~88	85~100
	9.5	49~69	52~74
	4.75	29~54	29~54
	2.36	17~37	17~37
	0.6	8~20	8~20
	0.075	0~7	0~7
液限(%)		<28	<28
塑性指数		<6(或9)	<6(或9)

注：1. 潮湿多雨地区塑性指数宜小于9。
2. 对于无塑性的混合料，小于0.075的颗粒含量应接近高限。

2)路拌法施工

(1)施工工序

级配碎石路拌法施工的工艺流程应符合图1-5-3的顺序。

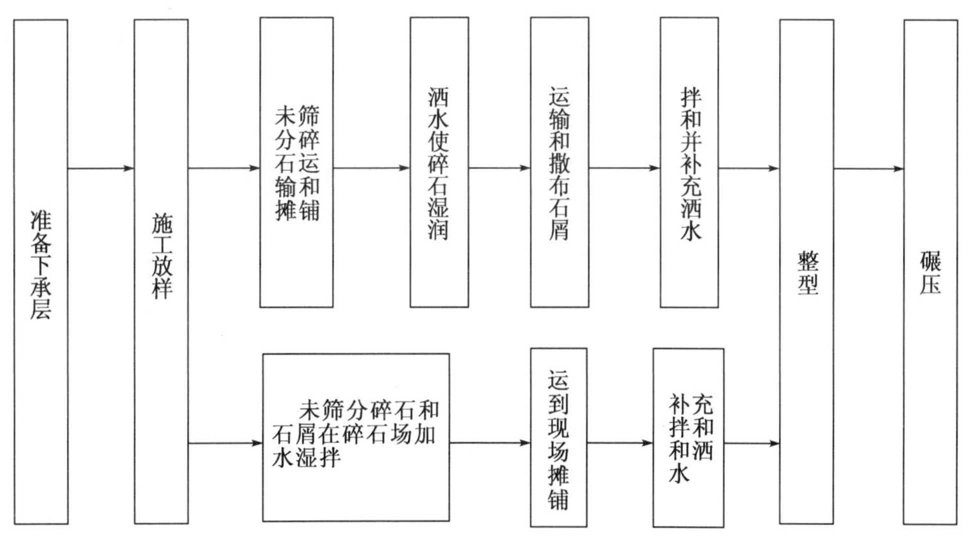

图1-5-3　级配碎石路拌法施工工艺流程图

(2)备料

根据各路段基层或底基层的宽度、厚度及规定的压实干密度并按确定的配合比分别计算各段需要的未筛分碎石和石屑的数量或不同粒径碎石和石屑的数量，并计算每车料的堆放距离。未筛分碎石和石屑可按预定比例在料场混合，同时洒水加湿，使混合料的含水率超过最佳含水率约1%。

(3)运输和摊铺集料

集料装车时，应控制每车料的数量基本相等。在同一料场供料的路段内，宜由远到近卸载集料。卸料距离应严格掌握，避免料不够或过多。未筛分碎石和石屑分别运送时，应先运送碎石。料堆每隔一定距离应留一缺口。运送集料较摊铺集料工序宜只提前数天，集料在下承层上的堆置时间不应过长。

应事先通过试验段确定集料的松铺系数并确定松铺厚度。人工摊铺混合料时，其松铺系数为1.40～1.50；平地机摊铺混合料时，其松铺系数为1.25～1.35。用平地机或其他合适的机具将料均匀地摊铺在预定的宽度上，表面应力求平整，并具有规定的路拱。应同时摊铺路肩用料。检查松铺材料层的厚度，必要时，应进行减料或补料工作。

未筛分碎石摊铺平整后，在其较潮湿的情况下，将石屑按计算的距离卸置其上。用平地机并辅以人工将石屑均匀摊铺在碎石层上。采用不同粒径的碎石和石屑时，应将大粒径碎石铺在下层，中粒径碎石铺在中层，小粒径碎石铺在上层。洒水使碎石湿润后，再摊铺石屑。

(4)拌和及整型

①对于二级及二级以上公路，应采用专用稳定土拌和机拌和级配碎石。对于二级以下的公路，在无稳定土拌和机的情况下，可采用平地机或多铧犁与缺口圆盘耙配合进行拌和。

②用稳定土拌和机应拌和两遍以上。拌和深度应直到级配碎石层底。在进行最后一遍拌和之前，必要时先用多铧犁紧贴底面翻拌一遍。

③用平地机进行拌和，宜翻拌5～6遍，使石屑均匀分布于碎石料中。平地机拌和的作业长度，每段宜为300～500m。

拌和结束时，混合料的含水率应均匀，并较最佳含水率大1%左右，同时应没有粗细集料离析现象。

④用缺口圆盘耙与多铧犁配合拌和级配碎石时，用多铧犁在前面翻拌，圆盘耙紧跟在后面拌和，即采用边翻拌边拌和的方法，共翻拌4～6遍。应随时检查调整翻耙的深度。用多铧犁翻拌时，第一遍由路中心开始，将混合料向中间翻，同时机械应慢速前进。第二遍从两边开始，将混合料向外翻。拌和过程中，应保证混合料有足够的水分。

⑤使用在料场已拌和均匀的级配碎石混合料时，摊铺后混合料如有粗细集料离析现象，应用平地机进行补充拌和。用平地机将拌和均匀的混合料按规定的路拱进行整平和整型，在整型过程中，应注意消除粗细集料离析现象。

⑥用拖拉机、平地机或轮胎压路机在已初平的路段上快速碾压一遍，以暴露潜在的不平整，再用平地机进行整平和整型。

(5)碾压

①整型后，当混合料的含水率等于或略大于最佳含水率时，立即用12t以上三轮压路机、振动压路机或轮胎压路机进行碾压。级配碎石层施工时，应使用12t以上三轮压路机碾压，每层的压实厚度不应超过15～18cm。用重型振动压路机和轮胎压路机碾压时，每层的压实厚度可达20cm。

②直线和不设超高的平曲线段，由两侧路肩开始向路中心碾压；在设超高的平曲线

段，由内侧路肩向外侧路肩进行碾压。碾压时，后轮应重叠1/2轮宽；后轮必须超过两段的接缝处。后轮压完路面全宽时，即为一遍。碾压一直进行到要求的密实度(基层98%，底基层96%)为止。一般需碾压6~8遍，应使表面无明显轮迹。压路机的碾压速度，头两遍以采用1.5~1.7km/h为宜，以后以2.0~2.5km/h为宜。路面的两侧应多压2~3遍。

③严禁压路机在已完成的或正在碾压的路段上掉头或紧急制动。

④凡含土的级配碎石层，都应进行滚浆碾压，一直压到碎石层中无多余细土泛到表面为止。滚到表面的浆(或事后变干的薄土层)应清除干净。

(6)横缝的处理

两作业段的衔接处，应搭接拌和。第一段拌和后，留5~8m不进行碾压，第二段施工时，第一段留下未压部分与第二段一起拌和整平后进行碾压。

(7)纵缝的处理

应避免纵向接缝。在必须分两幅铺筑时，纵缝应搭接拌和。前一幅全宽碾压密实，在后一幅拌和时，应将相邻的前幅边部约30cm搭接拌和，整平后一起碾压密实。

(8)级配碎石基层未洒透层沥青或未铺封层时，禁止开放交通，以保护表层不受破坏。

3)中心站集中厂拌法施工

(1)级配碎石混合料可以在中心站用多种机械进行集中拌和，如强制式拌和机、卧式双转轴桨叶式拌和机、普通水泥混凝土拌和机等。

(2)对用于一级公路的级配碎石基层和中间层，宜采用不同粒级的单一尺寸碎石和石屑，按预定配合比在拌和机内拌制级配碎石混合料。不同粒径的碎石和石屑等细集料应隔离，分别堆放。细集料应有覆盖，防止雨淋。

(3)在正式拌制级配碎石混合料之前，必须先调试所用的厂拌设备，使混合料的颗粒组成和含水率都能达到规定的要求。

(4)将级配碎石用于一级公路时，应用沥青混凝土摊铺机或其他碎石摊铺机摊铺碎石混合料。摊铺机后面应设专人消除粗细集料离析现象。

(5)用振动压路机、三轮压路机进行碾压，碾压方法同路拌法。

(6)级配碎石用于二级和二级以下公路时，如没有摊铺机，也可用自动平地机(或摊铺箱)摊铺混合料。

①根据摊铺层的厚度和要求达到的压实干密度，计算每车混合料的摊铺面积。

②将混合料均匀地卸在路幅中央，路幅宽时，也可将混合料在路中央两侧卸成两行。

③用平地机将混合料按松铺厚度摊铺均匀。

④设一个三人小组跟在平地机后面，及时消除粗细集料离析现象。对于粗集料"窝"和粗集料"带"，应添加细集料，并拌和均匀；对于细集料"窝"，应添加粗集料，并拌和均匀。

(7)用平地机摊铺混合料后的整型和碾压均与路拌法施工相同。

(8)集中厂拌法施工时的横向接缝按下述方法处理：

①用摊铺机摊铺混合料时，靠近摊铺机当天未压实的混合料，可与第二天摊铺的混合料一起碾压，但应注意此部分混合料的含水率。必要时，应人工补充洒水，使其含水率达到规定的要求。

②用平地机摊铺混合料时，每天的工作缝的处理与路拌法相同。

(9)应避免纵向接缝。如摊铺机的摊铺宽度不够，必须分两幅摊铺时，宜采用两台摊铺机一前一后相隔约5～8m同步向前摊铺混合料。在仅有一台摊铺机的情况下，可先在一条摊铺带上摊铺一定长度后，再开到另一条摊铺带上摊铺，然后一起进行碾压。

(10)在不能避免纵向接缝的情况下，纵缝必须与路中心垂直相接，不应斜接，并按下述方法处理：

①在前一幅摊铺时，在靠后一幅的一侧应用方木或钢模板做支撑，方木或钢模板的高度与级配碎石层的压实厚度相同；

②在摊铺后一幅之前，将方木或钢模板除去；

③如在摊铺前一幅时未用方木或钢模板支撑，靠边缘的30cm左右难于压实，而且易形成一个斜坡，在摊铺后一幅时，应先将未完全压实部分和不符合路拱要求部分挖松并补充洒水，待后一幅混合料摊铺后一起进行整平和碾压。

5.4.2　级配砾石基层

级配砾石可适用于轻交通的二级和二级以下公路的基层以及各级公路的底基层。

1)材料要求

(1)天然砂砾符合规定的级配要求，而且塑性指数在6或9以下时，可以直接用做基层。

(2)塑性指数偏大的砂砾，可加少量石灰降低其塑性指数，也可以用无塑性的砂或石屑进行掺配，使其塑性指数降低到符合要求，或塑性指数与细土(粒径小于0.5mm的颗粒)含量的乘积符合要求。

(3)可在天然砂砾中掺加部分碎石或轧碎砾石，以提高混合料的强度和稳定性。天然砂砾掺加部分未筛分碎石组成的混合料的强度和稳定性介于级配碎石和级配砾石之间。

(4)级配砾石用做基层时，砾石的最大粒径不应超过37.5mm；用做底基层时，砾石的最大粒径不应超过53mm。

(5)砾石颗粒中细长及扁平颗粒的含量不应超过20%。

(6)级配砾石基层的颗粒组成和塑性指数应满足《公路路面基层施工技术细则》(JTG/T F20—2015)的规定，同时级配曲线应为圆滑曲线。

2)施工工序及要点

(1)级配砾石施工的工艺流程按顺序进行，如图1-5-4所示。

(2)施工要点

①计算材料用量

根据各路段基层或底基层的宽度、厚度及预定的干密度，计算各段需要的集料数量。如级配砾石用两种集料合成时，分别计算两种集料的数量；根据料场集料的含水率以及所用运料车辆的吨位，计算每车材料的堆放距离。

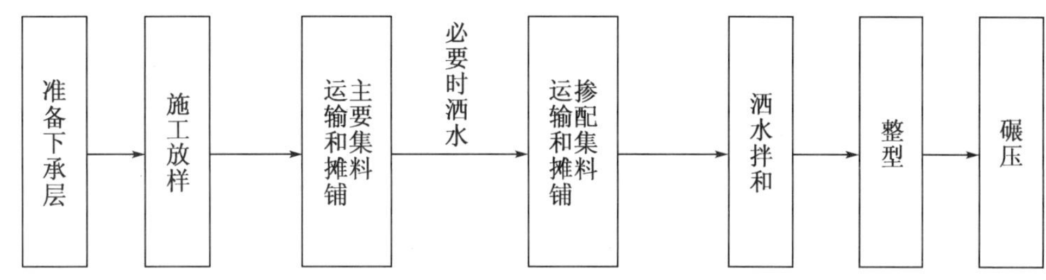

图1-5-4　级配砾石施工工艺流程图

②运输和摊铺集料

a. 集料装车时，应控制每车料的数量基本相等。

b. 同一料场供料的路段内，由远到近将料按计算的距离卸置于下承层上。卸料距离应严格掌握，避免料不够或过多。采用两种集料时，应先将主要集料运到路上，待主要集料摊铺后，再运另一种集料并摊铺。如粗细两种集料的最大粒径相差很多，应在粗集料处于潮湿状态下摊铺细集料。

c. 料堆每隔一定距离应留一缺口。

d. 集料在下承层上的堆置时间不宜过长。运送集料较摊铺集料工序宜只提前数天。

e. 应通过试验段确定集料的松铺系数，并确定松铺厚度。人工摊铺混合料时，其松铺系数为1.40～1.50；平地机摊铺混合料时，其松铺系数为1.25～1.35。

f. 用平地机或其他合适的机具将料均匀地摊铺在预定的宽度上，表面应力求平整，并有规定的路拱。应同时摊铺路肩用料。

g. 检查松铺材料层的厚度是否符合设计要求，必要时，应进行减料或补料工作。

③拌和及整型

a. 用平地机拌和时，每一作业段的长度宜为300～500m。

(a)一般需拌和5～6遍。拌和时，平地机刀片的安装角度宜符合相关的要求。拌和过程中，用洒水车洒足所需的水分。拌和结束时，混合料的含水率应均匀，并较最佳含水率大1%左右。应无粗细颗粒离析现象。

(b)使用符合级配要求的天然砂砾时，如摊铺后混合料有粗细集料离析现象，应用平地机进行补充拌和。

(c)用平地机将拌和均匀的混合料按规定的路拱进行整平和整型。

(d)用拖拉机、平地机或轮胎压路机在已初平的路段上快速碾压一遍，以暴露潜在的不平整。

(e)再用平地机进行整平和整型。

b. 用拖拉机牵引四铧犁或五铧犁进行拌和时，每一作业段的长度宜为100～150m。

第一遍由路中心开始，将混合料向中间翻，同时机械应慢速前进。第二遍则应从两边路肩开始，将混合料向外翻。拌和过程中，用洒水车洒足所需的水分。拌和遍数以双数为宜，一般需拌 6 遍。

拌和结束时，混合料含水率应均匀，并较最佳含水率大 1% 左右，且无离析现象。

用平地机或用其他机具按规定的路拱进行整平和整型。在整型过程中，严禁任何车辆通行。

④碾压

在最佳含水率时进行碾压，直到达到按重型击实试验法确定的要求压实度：基层为 98%，底基层为 96%。级配砾石应用 12t 以上三轮压路机碾压，每层的压实厚度不应超过 15 ~ 18cm。用重型振动压路机和轮胎压路机碾压时，每层的压实厚度不应超过 20cm。其他要求同级配碎石。

⑤横缝和纵缝的处理，同级配碎石基层施工有关要求。级配砾石基层未洒透层沥青或未铺封层时，禁止开放交通，以保护表层不受破坏。

5.4.3　手摆拳石基层

1)施工工序

手摆块(拳)石基层施工工序如图 1-5-5 所示。

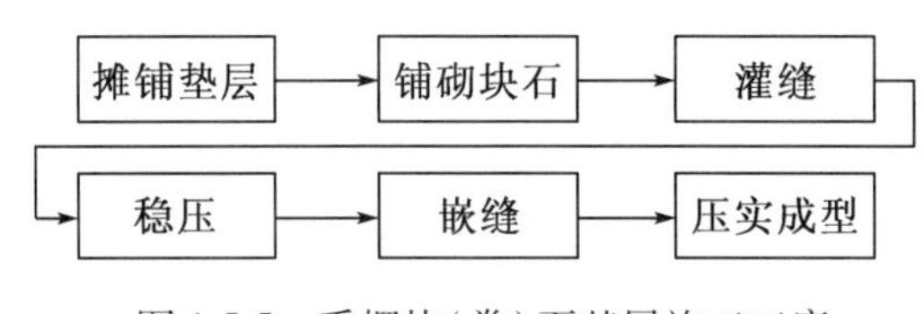

图 1-5-5　手摆块(拳)石基层施工工序

2)施工要点

(1)摊铺垫层

在已整理好的路槽内，按设计用量均匀摊铺垫层材料，并用刮板整平，泼水湿润。每次摊铺长度保持超前铺砌层 8 ~ 10m，以免破坏垫层的平整度。

(2)铺砌块石

直线平坦路段先从两侧往中间依次砌筑；纵坡路段从低处往高处依次砌筑；弯道路段从内侧向外侧依次砌筑。选择比较整齐的石块，先铺路边导向石，以利工程控制高度和平整度。块石之间要嵌挤紧密，空隙之间用铁锤将小的石头敲实，再用砂砾或石渣把空隙填实。

砌筑不容许将薄的石片重叠摆放，也不可摆一堆石料一起砌筑，要摆一块砌一块，砌一块填实一块，丁顺相间或两顺一丁排列，互相交错不得有通缝，错缝不小于 8cm。石块摆放要保证上面平整、下面稳定。下面空隙较大的，须用小石块支垫牢固。铺砌后的块石层未经碾压，禁止车辆通行。

(3)灌缝

在铺好的块石层上，撒上灌缝料至块石厚的 1/3 ~ 3/4，用扫帚扫入缝中，洒水灌缝，用水量 3 ~ 5kg/m^2。

(4)第一次嵌缝

石块铺砌到相当长度(一般不小于3m),用适当大小的碎石块楔入两石块空隙内,以一块插满为好,小头向上,用木锤击紧。切忌把碎石浮搁在空隙上,楔石完毕后。撒铺第一次嵌缝料,要求撒铺均匀,符合路面标准为止。嵌缝料未经压实之前,禁止车辆通行。

(5)稳压

用6 ~ 8t 或8 ~ 10t 压路机稳压2 ~ 3 遍,使铺砌层基本稳定。

(6)第二次嵌缝

当铺砌层基本稳定以后,即撒第二次嵌缝料。

(7)压实

用12 ~ 15t 或10 ~ 12t 压路机进行压实。碾压次数根据石质而定,软质石料6 ~ 8 遍;硬质石料10 ~ 12 遍,碾压至表面平实、无轮迹为止。如在碾压过程中发现石块有倾斜或松动,以及沉陷等不合质量要求的问题时,应重新铺砌和嵌缝,并碾压坚实。

3)质量控制与检测

(1)质量控制

①厚度

手摆块(拳)石厚度,一般为14 ~ 25mm。作调平的垫层厚度一般为4 ~ 5cm。

②材料控制

a. 垫层一般采用粗砂、砂砾,含泥量不宜大于砂重的10%;炉渣,筛除粉末,并挑除大于20mm 的颗粒,打碎才能使用;石灰土,含石灰剂量6% ~ 8%,拌和均匀,土粒不宜大于10mm,松方系数为1.2 ~ 1.4。

b. 块(拳)石要求质地坚硬,强度不低于三级,冰冻地区还需考虑石料的耐冻性,块石高度约等于铺砌层厚度的0.7 ~ 0.9 倍,并选择尺寸大致相等的石料。

c. 灌缝料一般采用粗砂或砂砾,质量要求同垫层材料,用量控制在块石总量的30% ~ 35%。

d. 嵌缝料同手摆石块,每千平方米备料数量与手摆块石相同,见表1-5-5。

块石基层石料用量参考表　　表1-5-5

基层厚度(cm)	石料用量 m^3/(1 000m^2)				
	石块		嵌缝料用量		合　计
	高度(mm)	用量	第一次嵌缝	第二次嵌缝	
25	180 ~ 230	275	58	24	82
20	140 ~ 180	220	46	20	66
16	110 ~ 140	176	28	12	40

(2)质量检测

①外观要求

边缘顺直,表面平整坚实,12t 压路机压后无明显轨迹。

②检测项目，见表1-5-6。

块石基层检测项目　　表1-5-6

项次	检查项目		规定值或允许偏差		检查方法和频率
			基层	底基层	
1	固体体积率（%）	代表值	85	83	灌砂法：每200m 4处
		极值	82	80	
2	平整度（mm）		12	15	3m直尺：每200m 2处×10尺
3	纵断高程（mm）		+5，-15	+5，-20	水准仪：每200m 4点
4	宽度（mm）		不小于设计值	不小于设计值	尺量：每200m 4处
5	厚度（mm）	代表值	-10	-12	每200m每车道1点
		极值	-20	-30	
6	横坡（%）		±0.5	±0.5	水准仪：每200m 4断面

第6章　沥青类面层

6.1　沥青混凝土面层

6.1.1　材料要求

沥青路面使用的各种材料运至沥青拌和站后，必须取样进行质量检测，经评定合格后方可使用，不得以供应商的检测报告代替现场检测。

1）沥青

沥青混凝土面层材料中的沥青应采用道路石油沥青，使用时应根据交通量、气候条件、施工方法、沥青面层类型、材料来源等情况选用，改性沥青应经过试验论证取得结果，合格后方可使用。

道路石油沥青适用于各类沥青面层，农村公路可采用B级或C级道路石油沥青，有条件的尽可能采用A级道路石油沥青。各类沥青面层所用的沥青标号，宜根据地区气候条件、施工季节气温、路面类型、施工方法等结合当地的使用经验选取。

沥青必须按品种、标号分开存放。除长期不使用的沥青可放在自然温度下储存外，沥青在储存罐中的储存温度不宜低于130℃，并不得高于170℃。桶装沥青应直立堆放，加盖苫布。

2）粗集料

沥青面层用粗集料包括碎石、破碎砾石、筛选砾石、钢渣和矿渣等。拌和站场地要求硬化，各种集料应分别存储。粗集料应洁净、干燥、无风化、无杂质，具有足够的强度、耐磨耗性。对受热易变质的集料，宜采用经拌和机烘干后的集料进行检验。粗集料与沥青的黏附性应不小于3级，当粗集料与沥青的黏附性达不到要求时，宜掺加消石灰、水泥或用饱和石灰水处理后使用。

3）细集料

沥青路面的细集料包括天然砂、机制砂和石屑。农村公路可采用天然砂和石屑。细集料应洁净、干燥、无风化、无杂质，并有适当的颗粒级配。天然砂通常采用粗、中砂。沥青混合料中天然砂的用量通常不宜超过集料总量的20%。石屑是采石场破碎石料时通过4.75mm或2.36mm筛的筛余部分。机制砂宜采用专用制砂机制造，并选用优质石料生产。各种细集料级配应符合《公路沥青路面施工技术规范》（JTG F40—2004）的相关要求。

4）填料

沥青混合料的矿粉宜采用石灰岩或岩浆岩中的强基性岩石等憎水性石料经磨细得到的矿粉。矿粉应干燥、洁净，能自由的从矿粉仓流出。

5）混合料配合比控制

沥青混合料的矿料级配应符合工程设计规定的级配范围。密级配沥青混凝土宜根据公路等级、气候及交通条件选择采用粗型（C型）或细型（F型）混合料，并确定工程设计级配范围。一般应采用马歇尔试验配合比设计方法。

农村公路沥青混合料的配合比应在调查以往同类材料的配合比设计经验和使用效果的基础上，按以下步骤进行设计：

（1）目标配合比设计阶段。用工程实际使用的材料按施工技术规范要求，优选矿料级配、确定最佳沥青用量，符合配合比设计技术标准和配合比设计检验要求，以此作为目标配合比，供拌和机确定各冷料仓的供料比例、进料速度及试拌使用。

（2）生产配合比设计阶段。对间歇式拌和机，应按规定方法取样测试各热料仓的材料级配，确定各热料仓的配合比，供拌和机控制室使用。同时选择适宜的筛孔尺寸和安装角度，尽量使各热料仓的供料大体平衡。并取目标配合比设计的最佳沥青用量OAC、OAC ±0.3%等3个沥青用量进行试拌和马歇尔试验，通过室内试验及从拌和机取样试验综合确定生产配合比的最佳沥青用量，由此确定的最佳沥青用量与目标配合比设计结果的差值不宜大于±0.2%。对连续式拌和机可省略生产配合比设计步骤。

（3）生产配合比验证阶段。拌和机按生产配合比结果进行试拌、铺筑试验段，并取样进行马歇尔试验，同时从路上钻取芯样观察空隙率的大小，由此确定生产用的标准配合比。标准配合比的矿料合成级配中，至少0.075mm、2.36mm、4.75mm及公称最大粒径筛孔的通过率应接近优选的工程设计级配范围的中值，并避免在0.3～0.6mm处出现“驼峰”。

经设计确定的标准配合比在施工过程中不得随意变更。生产过程中应加强跟踪检测，严格控制进场材料的质量，如遇材料发生变化并经检测沥青混合料的矿料级配、马歇尔技术指标不符合要求时，应及时调整配合比，使沥青混合料的质量符合要求并保持相对稳定，必要时重新进行配合比设计。农村公路建设中，当所用材料、混合料类型与以往工程相同时，配合比设计可直接引用成功的经验。

6.1.2　工艺流程

沥青混合料路面施工过程包括施工准备、混合料拌和、运输、摊铺、碾压、接缝和开放交通等。热拌沥青混合料路面施工工艺流程，如图1-6-1所示。

6.1.3　施工要点

1）沥青混合料拌制

沥青混合料必须在沥青拌和厂（站）采用拌和机拌制，尽量采用间歇式拌和机。

沥青混合料拌和应根据沥青标号、黏度、铺装层厚度、施工时实测温度、地温、风速等情况，拟定合理的沥青、矿料加热温度及混合料出厂温度、储存温度、摊铺温度、碾压温度等。沥青结合料的施工温度范围可参照表1-6-1选择,并根据实际情况确定使用高值或低值。

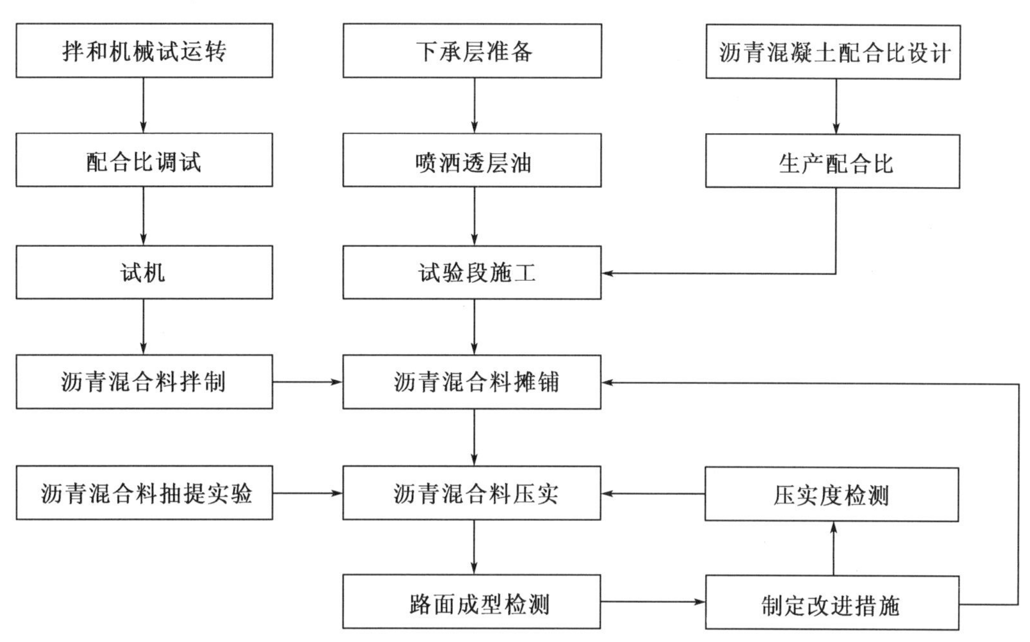

图1-6-1　热拌沥青混合料路面施工工序

热拌沥青混合料的施工温度(℃)　　表1-6-1

施工工序		石油沥青的标号		
—		70号	90号	110号
沥青加热温度		155～165	150～160	145～155
矿料加热温度	间歇式拌和机	集料加热温度比沥青温度高10～30		
	连续式拌和机	矿料加热温度比沥青温度高5～10		
沥青混合料出料温度		145～165,140～160,135～155		
混合料储料仓储存温度		储料过程中温度降低不超过10		
混合料废弃温度高于		195	190	185
运输到现场温度不低于		145	140	135
混合料摊铺温度不低于	正常施工	135	130	125
	低温施工	150	140	135
开始碾压的混合料内部温度不低于	正常施工	130	125	120
	低温施工	145	135	130
碾压终了的表面温度不低于	钢轮压路机	70	65	60
	轮胎压路机	80	75	70
	振动压路机	70	60	55
开放交通的路表温度不高于		50	50	45

注:1. 沥青混合料的施工温度采用具有金属探测针的插入式数显温度计测量。表面温度可采用表面接触式温度计测定。当采用红外线温度计测量表面温度时,应进行标定。
2. 表中未列的130号、160号及30号沥青的施工温度由试验确定。

沥青混合料拌和时间应以混合料拌和均匀、所有沥青结合料全部均匀裹覆矿料颗粒为度。间歇式拌和机每盘的生产周期不宜小于45s(其中干拌时间不少于5s),连续式拌和机的拌和时间由上料速度及拌和温度调节。要求拌和出厂的沥青混合料均匀一致、无花白料、无结团成块或严重的离析现象。

拌和机宜备有保温性能良好的成品储料仓,储存期间混合料降温不得超过10℃;不能有沥青滴漏,储存时间不得超过72h。

2)沥青混合料的运输

热拌沥青混合料运输应考虑拌和能力、运距、道路情况、车辆吨位等因素。合理确定车辆类型和数量,尽量采用大吨位的运料车运输。运料车的运力应稍有富余,施工过程中摊铺机前方至少应有4~5辆运料车等候。车厢应清扫干净,侧板和底部可涂喷防黏薄膜混合液,也可涂刷油水(柴油与水的比例为1:3),但不得有余液积聚在车箱底部。装料时,应多次挪动汽车位置平衡装料,以减少混合料离析。运料车运输沥青混合料宜用棚布覆盖保温、防雨、防污染。

3)沥青混合料的摊铺

农村公路路面宽度普遍较窄,施工时应尽量封闭交通,并采用整幅摊铺。摊铺机开工前应提前0.5~1h预热熨平板不低于100℃。铺筑过程中应选择熨平板的振捣或夯锤压实装置使具有适宜的振动频率和振幅,以提高路面的初始压实度。按工程要求选择确定的摊铺机熨平板宽度、设定摊铺厚度和拱度。摊铺机应采用自动找平方式,下面层或基层宜采用钢丝绳引导的高程控制方式;上面层宜采用平衡梁或雪橇式摊铺厚度控制方式;中面层根据情况选用找平方式。

摊铺机必须缓慢、均匀、连续不间断地摊铺。速度宜控制在2~6m/min范围内,并与拌和能力、运输能力基本匹配。摊铺过程中应设专人清扫摊铺机两条履带前的基层,保证摊铺机平稳行走。操作人员随时注意观察供料情况,两卸料车间隔时间尽可能的短。摊铺过程中,需设专人对摊铺温度和松铺厚度进行实测控制与记录。

4)压实及成型

沥青混合料摊铺整平后,应立刻对其进行碾压。碾压分为初压、复压和终压三个阶段。

初压应紧跟摊铺机后进行,并保持较短的初压区长度,尽快使表面压实,减少热量散失,用6~8t钢筒压路机以1.5~2.0km/h的速度碾压2~3遍,初步稳定混合料;碾压时应从外侧向中心碾压,在超高段则由低向高碾压,在坡道上应将驱动轮从低处向高处碾压,采用振动压路机或轮胎压路机可免去初压,直接进行复压工序。

复压应紧跟初压后进行,不得随意停顿。复压的总长度通常不超过80m,12~15t三轮钢筒式压路机(轮胎式或振动压路机)复压4~6遍,三轮钢筒式压路机碾压速度为2.5~3.5km/h,轮胎式压路机碾压速度为3.5~4.5km/h,碾压至基本无明显轮迹为止。

终压应紧接在复压后进行,如经复压后已无明显轮迹时可免去终压。终压可选用双轮钢筒式压路机或关闭振动的振动压路机以3~4km/h速度碾压不宜少于2遍,碾压温度90~110℃。

碾压过程中，压路机驱动轮应面向摊铺机，行车方向应基本平行于路中线，从外侧向中心碾压，在超高路段则由低向高碾压，在坡道上应将压路机从低处向高处碾压。压路机宜采用高频率低振幅，以防止集料破碎。采用三轮钢筒式压路机或轮胎式压路机碾压时，每次应重叠后轮宽的1/2；振动压路机则每次重叠10~20cm，压路机折返时应先停止振动。对路面边缘、加宽等大型压路机难于碾压的部位，宜采用小型振动压路机或振动夯板作补充碾压。

5)接缝

农村公路沥青路面施工一般可采用全幅摊铺。在需要半幅施工时，宜加设挡板或切刀切齐。横向接缝应与路中线垂直，并宜采用垂直的平接缝。平接缝宜趁尚未冷透时人工垂直刨除端部层厚不足的部分，使工作缝成直角连接，但不宜用切割机切割。

6)开放交通

热拌沥青混合料路面应待摊铺层完全自然冷却，混合料表面温度低于50℃后，方可开放交通。需要提早开放交通时，可洒水冷却降低混合料温度。铺筑好的沥青层应严格控制交通，做好保护，保持整洁，不得造成污染。严禁在沥青层上堆放施工产生的土或杂物，或在已铺沥青层上制作水泥砂浆。

6.1.4　施工质量控制

1)质量控制要点

(1)严格控制沥青混合料质量，面层用各种原材料质量应严格把关，须经检验合格后方可使用，集料与沥青混合料取样应符合试验规程的要求。拌和厂应设有试验室，并安排专职试验人员负责检查混合料质量。外观上发现油多发亮、油少松散、高温老化或拌和不均有花白料和离析现象的混合料不得摊铺。若混合料不符合施工温度要求或已经结成团块、已遭雨淋的不得铺筑。

(2)严格控制施工各阶段的温度，运输拌和过程中应特别注意加以覆盖保温。

(3)按试验段确定的松铺系数控制摊铺厚度，摊铺现场应安排专人随时检查松铺厚度并形成记录。

(4)注意运输、摊铺过程中混合料离析现象的控制。一是装料时应多次挪动汽车位置；二是料车卸料时应控制卸料速度，缓慢、均匀卸料；三是摊铺机应缓慢、匀速行进，旋转布料器稳定、均衡地转动，两侧应保持有不少于送料器2/3高度的混合料；四是局部离析可人工找补，离析严重的部位或段落应铲除，重新填料碾压。

(5)适于沥青路面摊铺的夏季也是每年的雨季。施工过程中要注意气象预报，加强工地现场、沥青拌和厂及气象台(站)之间的联系，控制施工长度，各项工序紧密衔接；运料车和工地应备有防雨设施，并做好基层及路肩排水；严禁冒雨摊铺，已摊铺的沥青层因遇雨未进行压实的应予铲除，雨后基层表面潮湿时不得进行面层摊铺。

(6)摊铺过程中发现混合料出现明显的离析、波浪、拖痕时，应分析原因，予以消除。

(7)压路机临时停车或碾压结束后，不能停留在已完工但温度没有降到要求温度的路段内。

2)质量检测

(1)原材料质量检查

沥青混合料生产过程中,必须对各种原材料进行抽样试验,每个检查项目的平行试验次数或一次试验的试样数必须按相关试验规程的规定执行。

(2)混合料生产过程质量检测

沥青拌和厂必须按下列步骤对沥青混合生产过程进行质量控制检测。

①从料堆和皮带运输机随时目测各种材料的质量和均匀性,检查料中是否有泥块及超粒径碎石,检查冷料仓有无窜仓。目测混合料拌和是否均匀、有无花白料、油石比是否合理,检查混合料的离析情况。

②检查控制室拌和机各项参数的设定值、控制屏的显示值,核对计算采集和打印记录的数据与显示值是否一致。

③检测沥青混合料的加热温度、出厂温度,筛分检测混合料的矿料级配、沥青含量。

④取样成型试件进行马歇尔试验,测定空隙率、稳定度、流值,计算合格率。

(3)铺筑过程质量评定

沥青路面铺筑过程中必须随时对铺筑质量进行评定,质量检查的内容除几何尺寸及纵、横坡度外,重点检测厚度、压实度和弯沉值。

(4)工程完工后,施工单位应将全线以1~3km作为一个评定路段对沥青面层进行全线自检。

(5)质量检测项目及要求

外观鉴定:

①表面应平整密实,不应有泛油、松散、裂缝、粗细料集中等现象。

②表面无明显碾压轮迹。

③搭接处应紧密、平顺、烫缝不应枯焦。

④面层与路缘石及其他构筑物应连接平顺,不得有积水现象。

质量检测项目及标准见表1-6-2。

沥青混凝土面层和沥青碎(砾)石面层实测项目　　表1-6-2

<table>
<tr><th rowspan="2">项次</th><th colspan="2" rowspan="2">检 查 项 目</th><th>规定值或允许偏差</th><th rowspan="2">检查方法和频率</th></tr>
<tr><th>其他公路</th></tr>
<tr><td>1</td><td colspan="2">压实度(%)</td><td>试验室标准密度的96%(*98%)
最大理论密度的92%(*94%)
试验段密度的98%(*99%)</td><td>每200m测一次</td></tr>
<tr><td rowspan="3">2</td><td rowspan="3">平整度</td><td>σ(mm)</td><td>2.5</td><td rowspan="2">平整度仪,全线每车道连续按每100m计算IRI或σ</td></tr>
<tr><td>IRI(m/km)</td><td>4.2</td></tr>
<tr><td>最大间隙h(mm)</td><td>5</td><td>3m直尺;每200m测2处×10尺</td></tr>
<tr><td>3</td><td colspan="2">弯沉值(0.01mm)</td><td>符合设计要求</td><td></td></tr>
</table>

续上表

项次	检查项目		规定值或允许偏差	检查方法和频率
			其他公路	
4	渗水系数		—	深水试验仪，每200m测1次
5	厚度(mm)	代表值	-8%H	双车道每200m测1次
		合格值	-15%H	
6	中线平面偏位(mm)		30	经纬仪，每200m测4次
7	纵断高程(mm)		±20	水准仪，每200m测4断面
8	宽度(mm)	有测石	±30	尺量，每200m测4断面
		无测石	不小于设计	
9	横坡(%)		±0.5	水准仪，每200m测4处

注：1. 表内压实度可选用其中的1个或2个标准评定，选用两个标准时，以合格率低的作为评定结果，带*是指SMA路面，其他为普通沥青混凝土路面。

2. 表列厚度仅规定负允许偏差，H为沥青层设计总厚度(mm)。

6.2 沥青碎石面层

6.2.1 基本要求

沥青碎石路面采用AM-13，粒径13~16mm，或采用AM-16，粒径16~19mm。纵坡较大时，可铺筑AM-16路面。

沥青混合料应采用拌和楼集中厂拌，路面不得在气温低于5℃、雨天或路面潮湿的情况下施工。在雨季施工时，应注意气候变化，勿使各种材料和混合料遭雨淋。降雨时应停止施工，但已经摊铺的混合料应尽快压实成型。

路面施工前，应通过试验路验证施工配合比，确定现有设备的机械组合、混合料松铺系数和压实设备的压实工艺、压实遍数。施工完后，应及时总结施工经验，以供相邻或相似地区借鉴。

6.2.2 材料要求

1)沥青

结合山东省地域特点，根据沥青路面路用性能气候分区图及温度选择沥青标号。山东省大部分地区为1-3区，即夏炎热冬冷区，可选用90号或70号沥青；鲁东为2-2区，即夏热冬寒区，可选用110号或90号沥青。沥青等级应选择C级以上。

农村公路用沥青可由市(县)交通局统一选择购置，把好质量关。沥青必须按品种、标号分开存放。除长期不使用的沥青可放在自然温度下存储外，沥青在储存罐中的储存温度不宜低于130℃，并不得高于170℃。乳化沥青的质量应符合《公路沥青路面施工技术规范》(JTG F40—2004)的规定。在高温条件下宜采用黏度较大的乳化沥青，寒冷条件下宜使用黏度较小的乳化沥青。

2)粗集料(一般指碎石)

碎石粒径规格以方孔筛为准,同一料源、品种、规格的集料应集中堆放,不得混杂,进场材料应洁净、干燥,表面粗糙,级配规格稳定。应坚硬,无风化现象,软石、针、片状碎石较少,与沥青的黏附性较好(一般可采用碱性石料)。砾石破碎成碎石后,应具有2个或2个以上破碎面颗粒的数量应占2/3以上;也可采用砾石(碎石)掺配,具体要求见表1-6-3。

粗集料质量技术要求　表1-6-3

指　标		单位	技术要求	试验方法
石料压碎值	不大于	%	30	T 0316
洛杉矶磨耗损失	不大于	%	35	T 0317
表观相对密度	不大于	t/m^3	2.45	T 0304
吸水率	不大于	%	3.0	T 0304
针片状颗粒含量(混合料)	不大于	%	20	T 0312
水洗法小于0.075mm颗粒含量	不大于	%	1	T 0310
软石含量	不大于	%	5	T 0320

碎石按S9(粒径10~20mm)或S10(粒径10~15mm)、S12(粒径5~10mm)和S14(粒径3~5mm)掺配,相应的集料规格见表1-6-4,碎石应按不同粒径分类堆放,以便施工时掺配方便。

集料通过率规格　表1-6-4

规格名称	公称粒径(mm)	通过下列筛孔(mm)的质量百分率(%)						
		26.5	19.0	13.2	9.5	4.75	2.36	0.6
S9	10~20	100	90~100		0~15	0~5		
S10	10~15		100	90~100	0~15	0~5		
S12	5~10			10	90~100	0~15	0~5	
S14	3~5				100	90~100	0~15	0~3

3)细集料(天然砂、机制砂、石屑)

天然砂:与沥青黏附性较差,但应选用圆形易压实。

机制砂:粗糙、洁净、有棱角,可选碱性石料砸制。

石屑:石屑是石料破碎过程中表面剥落或撞下的棱角、细粉,针片状含量较大,强度低,粉末多,不易压实且有压碎的趋势,因此应控制粉尘和针片状含量。

细集料进场应根据实际情况选择材料种类,材料应洁净、干燥、无风化、无杂质,并有适当的颗粒级配。

4)混合料

沥青碎石混合料(AM)矿料级配范围见表1-6-5,沥青碎石混合料(AM)马歇尔试验配合比设计技术标准见表1-6-6。

沥青碎石混合料(AM)矿料级配范围　　表1-6-5

级配类型		通过下列筛孔(AM)的质量百分率(%)										
		19	16	13.2	9.5	4.75	2.36	1.18	0.6	0.3	0.15	0.075
中粒式	AM-16	100	90~100	60~85	45~68	18~40	6~25	3~18	1~14	0~10	0~8	0~5
细粒式	AM-13		100	90~100	50~80	20~45	8~28	4~20	2~16	0~10	0~8	0~6

沥青碎石混合料(AM)马歇尔试验配合比设计技术标准　　表1-6-6

试验指标	单位	技术标准	试验指标	单位	技术标准
马歇尔试件尺寸	mm	ϕ101.6mm×63.5mm	稳定度,不小于	kN	3.5
击实次数(双面)	次	50	沥青饱和度VFA	%	40~70
空隙率W	%	6~10			

6.2.3　施工工序

施工准备→混合料拌和→混合料运输→压实成型→接缝处理→开放交通→培路肩。

6.2.4　施工要点

1)施工准备

(1)试验室确定混合料的配合比

工地实际采用的油石比宜比室内试验确定的大0.5%左右。

(2)测量放线

根据已放出的中心线测设路面边线。

(3)准备专用机械

在施工前应检查和维修专用机械,并准备齐全。

(4)选择拌和场(站),安装拌和、加热设备,以及材料的堆放场地、拌和场(站)与工地现场距离应充分考虑交通堵塞的可能,确保混合料的摊铺温度;拌和场应排水顺畅,严禁泥土污染集料。

(5)检查、整修路基和基层

沥青面层施工前应对基层进行检查验收,基层质量不符合要求的不得铺筑沥青面层。

(6)喷洒透层油

沥青路面各类基层都必须喷洒透层油,气温低于10℃或大风、即将降雨时不得喷洒透层油。透层油用乳化沥青的,蒸发残留物含量允许根据渗透情况作适当调整,当使用成品乳化沥青时可通过稀释得到要求的黏度。透层油的用量通过试洒确定,一般为0.7~1.5L/m^2(乳化沥青中的残留物含量以50%为基准)。

用于半刚性基层的透层油宜紧接在基层碾压成型后表面稍变干燥但尚未硬化的情况下喷洒。透层油宜采用沥青洒布车一次喷洒均匀,使用的喷嘴宜根据透层油的种类和黏度选择并保证均匀喷洒,沥青洒布车喷洒不均匀时宜改用手工沥青洒布机喷洒。喷洒透层油前应清扫路面,遮挡防护路缘石及人工构造物避免污染,透层油必须洒布均匀,若有花白或遗漏应人工补洒，喷洒过量的立即撒布石屑或砂吸油，必要时作适当碾压。透层油洒布后不得在表面形成能被运料车和摊铺机黏起的油皮。如不能避免施工车辆在养生层上通行，应在乳化沥青上撒布适量中砂。

当不具备各基层施工完立即洒布透层油的条件时，透层油也可以在铺筑沥青面层前洒布，洒布前应彻底清扫基层上的尘土、松散物，然后均匀喷洒透层油，若有脱皮现象，说明基层表面有浮尘，应清洗浮尘，补洒透层油。

2）混合料拌和

沥青混合料必须在沥青拌和场（站）采用拌和机拌制。沥青混合料拌和时应严格控制出料温度、油石比等，并保证拌和均匀。

混合料拌和质量简单判别方法：

（1）混合料中没有花白料，集料表面色泽均匀、发亮，沥青均匀裹覆，但没有沥青流淌，说明拌和均匀，油石比合适；

（2）混合料表面干涩、发脆、没有光泽，说明沥青用量偏少；

（3）混合料中有油团，沥青流淌，说明沥青用量偏大；

（4）混合料拌和时冒出青烟，集料表面稍微发焦，说明拌和温度太高；

使用简易方法测定油石比时，应通过对比试验，校正试验结果。

3）混合料的运输

运料车每次使用前后必须清扫干净，装料后应用苫布覆盖，以减少热量散失，防雨、防污染；进入摊铺现场时，运料车轮胎上不得沾有泥土等可能污染路面的脏物。摊铺过程中运料车应在摊铺机前空档处等候，待摊铺机开始摊铺时方可开始缓缓卸料，避免撞击摊铺机。

4）混合料的摊铺

热拌沥青混合料应采用沥青摊铺机摊铺，摊铺中应严格控制摊铺温度，见表 1-6-7。摊铺机开动前应预热熨平板不低于 100℃，应缓慢、均匀、连续不间断地摊铺，不得随意变换速度或中途停顿，以减少粗集料过于集中的现象。摊铺速度宜控制在 2 ~ 4m/min 的范围内。

沥青混合料的最低摊铺温度（℃）　　表 1-6-7

下承层的表面温度	最低摊铺温度	下承层的表面温度	最低摊铺温度
<5	不允许	20 ~ 25	138
5 ~ 10	不允许	25 ~ 30	132
10 ~ 15	145	>30	130
15 ~ 20	140		

沥青混合料的松铺系数应根据混合料类型由试验路确定。摊铺过程中应随时检查摊铺层厚度及路拱，并根据混合料总量与面积校验平均厚度。

摊铺机的螺旋布料器的转动应根据摊铺速度调整，尽量保持一个稳定的速度均衡地转动。两侧应保持有不少于送料器 2/3 高度的混合料，以减少在摊铺过程中混合料的不均匀。

在路面狭窄部分、平曲线半径过小的匝道或加宽部分，以及小规模工程不能采用摊铺机铺筑时可用人工摊铺混合料。人工摊铺沥青混合料应符合下列要求：

(1)沥青混合料宜卸在铁板上，摊铺时应扣锹布料，不得扬锹远甩。铁锹等工具宜加热使用。

(2)边摊铺边用刮板整平，刮平时应轻重一致，控制次数，严防粗集料集中。

(3)摊铺过程中不得中途停顿，应尽快压实。

(4)混合料摊铺过程中，表面开裂，说明摊铺温度太低，应及时采取补救措施。

5)压实成型

沥青路面压实应严格控制碾压温度，并应按照试验路铺筑成果确定的碾压工艺、压路机组合方式进行施工。在不产生严重推移和裂缝的前提下，初压、复压、终压都应在尽可能高的温度下进行。同时不得在低温下反复碾压，使石料棱角磨损、压碎，破坏集料嵌挤。

沥青混合料的碾压应符合下列要求：

(1)初压应紧跟摊铺机后碾压，并保持较短的初压区长度，以尽快使表面压实，减少热量散失。

(2)通常宜采用钢轮压路机静压1～2遍。碾压时应将压路机的驱动轮面向摊铺机，从外侧向中心碾压，在超高路段则由低向高碾压，在坡道上应将压路机从低处向高处碾压。

(3)初压后应检查平整度、路拱，有严重缺陷时应进行修整乃至返工。

(4)复压应紧跟在初压后开始，且不得随意停顿，当采用三轮钢筒式压路机时，总质量不宜小于12t，相邻碾压带宜重叠后轮的1/2宽度，并不应少于200mm。复压宜碾压4～6遍。

(5)终压应紧接在复压后进行，至无明显轮迹为止。如经复压后已无明显轮迹时可免去终压。

(6)压路机应以慢而均匀的速度碾压，压路机的碾压速度应符合表1-6-8的规定。压路机的碾压路线及碾压方向不应突然改变，以免导致混合料推移。碾压区的长度应大体稳定，两端的折返位置应随摊铺机前进而推进，横向不得在相同的断面上。

压路机碾压速度(km/h)　　表1-6-8

压路机类型	初压		复压		终压	
	适宜	最大	适宜	最大	适宜	最大
钢筒式压路机	2～3	4	3～5	6	3～6	6
轮胎压路机	2～3	4	3～5	6	4～6	8
振动压路机	2～3 (静压或振动)	3 (静压或振动)	3～4.5(振动)	5(振动)	3～6(静压)	6(静压)

6）接缝处理

沥青碎石应采用垂直接缝，摊铺前应用3m直尺检查已铺路面端部平整度。若不符合要求，应予以清除。接缝时应先沿已刨齐的缝边涂刷少量沥青，用热沥青混合料覆盖预热，覆盖厚度约为15cm，待接缝处沥青混合料变软后，再将所覆盖的混合料清除。为保证混合料的松铺厚度，应先调整好预留高度。可在已铺路面末端垫上木板（条），将摊铺箱后沿置于木板（条）上，再开始摊铺施工。摊铺机过后，人工布料修补，修补时应剔除混合料中的粗料，用细料整平至松铺厚度，当路基较宽时，用压路机横向从已铺路面向新铺路面逐步推进碾压，待搭接宽度有1m时，即可纵向正常施工；当路基较窄时，可用细料反复调平碾压的方法进行接缝处理。接缝施工结束后，应用3m直尺检查平整度。若不符合要求，应在混合料未完全冷却时立即处理，以保证接缝处的平整度。

7）开放交通

待沥青面层温度降至50℃以下时，便可开放交通。

8）培路肩

面层施工完后，应及时培路肩并压实。路肩横坡应大于路面的横坡，严禁路肩土污染路面。

9）沥青路面雨季施工

沥青路面雨季施工应符合下列要求：

（1）注意气象预报，加强工地现场、沥青拌和厂及气象台（站）之间的联系，控制施工长度。各项工序紧密衔接。

（2）运料车和工地应备有防雨设施，并做好基层及路肩排水。

6.2.5　质量检验标准

1）外观控制标准

（1）表面平整密实，不得有明显轮迹、裂缝、推挤、油包等缺陷，且无明显离析。

（2）接缝紧密平整、顺直、无跳车现象。

2）质量检验标准

沥青碎石路面施工过程中质量控制的关键可概括为：材料净、油量足、温度高、工序紧、摊铺厚度及时调、压实成型要跟上，温度降低再放行。

材料净：材料干净，含泥量少，是沥青碎石的最基本要求。

油量足：农村公路一般交通量较少，主要病害多是自然因素引起的，例如水损坏，而车辙、拥包等病害相对较少。因此适当提高沥青用量，对保证路面的耐久性具有重要作用。

温度高、工序紧，压实成型要跟上：由于农村公路沥青碎石路面施工中各个环节间隔时间一般较长，施工各环节温度偏低是普遍现象，从而导致压实成型中存在诸多问题。因此施工中应尽量提高、保证各环节的温度（当然不能过高），而保证强度的一个主要方法就是各个工序的衔接要紧凑。沥青碎石路面施工过程中质量检验标准见表1-6-9。

沥青碎石路面施工过程中质量检验标准　　　表1-6-9

种类	检查项目	规定值或允许偏差值	检查方法和频率
1	混合料外观	集料粗细均匀，无离析，集料表面沥青裹覆均匀，色泽发亮；无冒烟，发焦，花白料，油团等现象	随时目测
2	油石比，集料级配及混合料用量	符合有关指南规定和相关规范规定	每日抽提，筛分或施工长度的实际用量与计划用量比较
3	接缝	5mm	逐条缝3m直尺检查
4	拌和温度	符合有关规范规定	逐车温度计实测
	摊铺温度	符合有关规范规定	逐车温度计实测
	碾压温度	符合有关规范规定	随时温度计实测
5	厚度	设计厚度的8%	施工时随时用钢尺插入量测松铺厚度及压实厚度或竣工后钻芯
6	压实度	试验室标准密度的97%，最大理论密度的93%，试验段密度的99%	每2 000m^2钻芯取样1处
7	平稳度(最大间隙)	5mm	随时3m直尺检查
8	宽度	不小于设计宽度	每个断面尺量
9	纵断面高程	±15mm	每个断面尺量
10	横坡度	±0.5%	每个断面尺量

6.3　沥青表面处治

6.3.1　概述

沥青表面处治路面简称沥青表处，是由沥青和细粒碎石按比例组成的一种厚度不大于3cm的薄层路面，一般适用于三级及三级以下公路。沥青表处种类较多，按路面结构的不同可分为以下几种：

1)层式表面处治路面

浇洒一次沥青，撒布一次集料铺筑而成的厚度为1～1.5cm(乳化沥青表面处治为0.5cm)的层铺法沥青表面处治路面。

2)双层式表面处治路面

浇洒两次沥青，撒布两次集料铺筑而成的厚度为1.5～2.5cm(乳化沥青表面处治为1cm)的层铺法沥青表面处治路面。

3)三层式表面处治路面

浇洒三次沥青，撒布三层集料铺筑而成的厚度为2.5～3cm(乳化沥青表面处治厚度为1.5cm)的层铺法沥青表面处治路面。

沥青表处结构简单、施工简便、造价低、行车性能好，因层面较薄，一般没有承重能力。它的主要作用是抵抗行车的磨耗，保护承重层免受行车破坏；作沥青面层或基层的封面，起到封闭表面，防止水渗入基层及土基，提高路面平整度，增强抗滑性能，改善行车条件，延长路面使用寿命的作用。沥青表面处治面层属次高级路面，因其具有造价低廉，施工工艺简单、进度快，使用质量较高等优点，在农村公路建设中广为采用。

沥青表处常用的施工方法有层铺法和拌和法两种。层铺法是一种在路面基层上分层浇洒沥青、分层撒布细粒碎石集料，经碾压成型的沥青表处施工方法。这种方法比拌和法施工简便，不需要昂贵的拌和设备，是农村公路路面施工常用的施工方法。本书重点介绍沥青表处三层法施工。

6.3.2　材料要求

沥青表面处治路面材料主要有沥青和集料两种，其质量好坏直接影响路面施工的质量，路面施工前应严格控制、检查各种材料的性能，满足有关技术指标要求。

1）沥青

（1）材料性能要求

沥青表面处治所用沥青材料需有良好的技术性能。应有较好的温度稳定性，要求在高温季节不能发软，低温时不至于变脆，温度稳定性常用软化点来控制；应有极好的水稳定性，当路面处于潮湿状态下，沥青材料仍能保持足够黏结力而不被破坏；应有较好的抗老化性；应有较好的施工可操作性，沥青加工后应便于施工运送、洒布、碾压，洒布时应有便于施工的稠度，稠度过大不能均匀地洒布，稠度过小则不便于施工压实。施工可操作性主要通过控制沥青的稠度和温度来掌握。

（2）沥青用量控制

沥青表处使用的沥青多采用石油沥青、煤沥青和乳化沥青。为防止施工过程对环境的污染和散发有害气体，最好不用煤沥青。

沥青用量可结合施工气温、沥青标号、基层情况参考表1-6-10选择。

沥青表面处治材料规格和用量表　　表1-6-10

沥青种类	类型	厚度（cm）	集料（m^2/1 000m^2）						沥青或乳液用量（kg/m^2）		
			第一层		第二层		第三层		第一次	第二次	合计用量
			粒径规格	用量	粒径规格	用量	粒径规格	用量			
石油沥青	单层	1.0 1.5	S12 S10	7～9 12～14					1.0～1.2 1.4～1.6		1.0～1.2 1.4～1.6
	双层	1.5 2.0 2.5	S10 S9 S8	12～14 16～18 18～20	S12 S12 S12	7～8 7～8 7～8			1.4～1.6 1.6～1.8 1.8～2.0	1.0～1.2 1.0～1.2 1.0～1.2	2.4～2.8 2.6～3.0 2.8～3.2
	三层	2.5 3.0	S8 S6	18～20 20～22	S10 S10	12～14 12～14	S12 S12	7～8 7～8	1.6～1.8 1.0～1.2 1.2～1.4	1.2～1.4 1.8～2.0 1.0～1.2	3.8～4.4 4.0～4.6

续上表

<table>
<tr><th rowspan="3">沥青种类</th><th rowspan="3">类型</th><th rowspan="3">厚度（cm）</th><th colspan="6">集料（$m^2/1\ 000m^2$）</th><th colspan="3">沥青或乳液用量（kg/m^2）</th></tr>
<tr><th colspan="2">第一层</th><th colspan="2">第二层</th><th colspan="2">第三层</th><th rowspan="2">第一次</th><th rowspan="2">第二次</th><th rowspan="2">合计用量</th></tr>
<tr><th>粒径规格</th><th>用量</th><th>粒径规格</th><th>用量</th><th>粒径规格</th><th>用量</th></tr>
<tr><td rowspan="4">乳化沥青</td><td>单层</td><td>0.5</td><td>S14</td><td>7～9</td><td></td><td></td><td></td><td></td><td colspan="2">0.9～1.0</td><td>0.9～1.0</td></tr>
<tr><td>双层</td><td>1.0</td><td>S12</td><td>9～11</td><td>S14</td><td>4～6</td><td></td><td></td><td>1.8～2.0</td><td>1.0～1.2</td><td>2.8～3.2</td></tr>
<tr><td rowspan="2">三层</td><td rowspan="2">3.0</td><td rowspan="2">S6</td><td rowspan="2">20～22</td><td rowspan="2">S10</td><td rowspan="2">9～11</td><td>S12</td><td>4～6</td><td>2.0～2.2</td><td>1.8～2.0</td><td rowspan="2">4.8～5.4</td></tr>
<tr><td>S14</td><td>3.5～4.5</td><td colspan="2">1.0～1.2</td></tr>
</table>

注：1. 当采用煤沥青表面处治的沥青用量可比石油沥青用量增加15%～20%。
2. 表中的乳液用量按乳化沥青的蒸发残留物的60%计算，如沥青含量不同应折算。

当采用煤沥青时，可按沥青用量增加15%～20%。

（3）沥青类型选择

根据施工经验，可参考表1-6-11选择。

沥青类型选择表　　表1-6-11

用　途		沥 青 种 类
表面处治结构层	寒冷地区	石油沥青、煤沥青
	温和地区	乳化沥青、石油沥青、煤沥青
	较热地区	石油沥青、煤沥青、乳化沥青

2）集料

沥青表处路面较薄，采用的集料为细集料，控制好集料的技术指标也是确保路面质量的重要环节之一。细集料的技术要求及质量控制详见有关施工技术规范要求。

6.3.3　工艺流程

1）基本方法

层铺法是当前农村公路建设中使用比较普遍的沥青表处施工方法。沥青表面处治层铺法施工一般多采用“先油后料”法。当路肩过窄不能堆放全部集料或临近低温施工，为使路面加速反油成型时，才采用“先料后油”法，在这里将重点讲述“先油后料”法。

先油后料法是在清理好的基层上用沥青洒布车按要求的速度浇洒沥青，然后在沥青层上用集料撒布机趁热迅速铺撒集料的施工方法，即先洒布一层沥青，后铺撒一层集料的施工方法。

2）施工工序

下面以三层式沥青表面处治为例，介绍层铺法施工工序，如图1-6-2所示。

双层式表面处治施工工艺同三层式施工工艺，但减少了一次洒沥青、撒集抖与碾压。单层式表面处治也与三层式类似，即减少了两次洒沥青、撒集料与碾压。

6.3.4　施工要点

按照上述工序，下面对各工序的施工方法及要点作以下介绍。

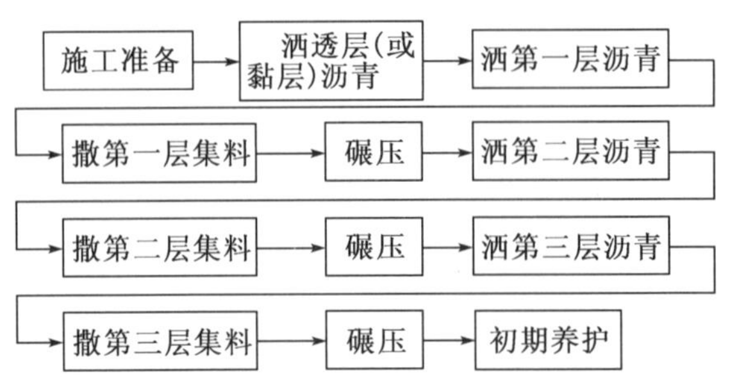

图 1-6-2　沥青表处路面施工工序

1)施工准备

施工准备是沥青表面处治施工前必不可少的工作,其包括基层准备、沥青加工、集料准备和机具准备等工作。下面分别介绍具体工作内容。

(1)施工前,应将路面基层清扫干净,并使基层表面集料外露、保持干燥。基层表面有坑槽时,应及时用相同材料将坑槽进行填补,并压平夯实。为控制好路面的边线位置,应适时放线。

先按路线测量方法放路面的中线,再根据路面宽度用皮尺丈量出路面的边线点,相邻点牵上线绳,撒上石灰后标示出路面边线,作为洒布沥青、撒布集料控制的依据。

(2)沥青加热是沥青表处施工的重要工序,加热通常在固定的沥青加热站进行。沥青加热站由预热槽、加热锅和出油槽三部分组成。加热锅有开放的直接加热式和封闭的间接加热式两种。控制温度和掌握加热时间是沥青加热的两个重要环节。温度和加热时间视沥青种类而不同。通常黏稠的石油沥青出油温度控制在 130 ~ 170℃之间,允许加热时间为 6h;煤沥青则要控制在 80 ~ 120℃之间,允许加热时间为 3h。准确合宜的加热温度和时间最好通过室内试验来确定,当无条件时上述数据可作参考。

(3)集料准备

按计划需备足各种集料,对不同规格的集料应分别堆放,不得混杂。各种集料运至工地后,应对其规格和质量进行检查,如不符合要求时,应重新过筛再行检查,若有污染时,应用水冲洗干净。当人工铺撒集料时,集料可分类分段按用量堆放在路肩(或人行道)上,间距 20 ~ 30m 一堆。而当用机械铺撒集料时,则可分类集中堆放。注意防止材料污染、雨淋。

(4)机具准备

沥青表面处治的施工机具主要指沥青洒布车、集料撒布机和压路机。对于沥青洒布车,应检查其油泵系统和喷油管道有无故障,油罐上的量油表是否灵敏,以及保温设备、手喷灯和手喷枪是否完好,如有故障,应进行检修。然后将一定数量的沥青灌入油罐,在路上先行试喷,以检验喷出沥青的数量是否与预定的数量相符。喷油工人应根据试喷时的数量控制洒布沥青用量。每天收车后,应用少量柴油清洗油泵系统和喷油嘴,并将喷油管的端节卸下,浸在一专制的油槽内。每次喷油前应保持喷嘴干净、管道畅通,喷嘴角度应一致,并与喷管成 15° ~ 25°的夹角。施工时应多备几套喷嘴。

在农村公路施工中还可用手压式沥青洒布机,它可以和简易的移动式沥青熔炉配套使用。这种机械操作简单、使用灵活、造价低。对于压路机，沥青表面处治压路机的吨位应以能使集料嵌挤紧密而又不致压碎为度，通常采用6～8t及8～10t的压路机进行碾压。施工前应检查压路机的规格和机械性能（如转向、起动、倒退、停驶等方面），检查滚筒表面的磨损情况，如有凹陷或坑槽不得使用。

2）洒透层油

洒透层油前，应沿路面边缘拉线，在线外铺撒约10cm宽的土或砂砾料，或沿线设置可移动的挡板，以避免沥青浇洒不齐影响路面景观。为了做到按定量均匀浇洒，不产生露白或渍油现象，宜划分区段浇洒，严格控制沥青用量，一般用量为0.9～1.2L/m^2。洒布透层油后，应禁止行人和车辆通行，若发现渍油处，可用鬃刷及时刷匀；遇雨受损或有空白时应做补洒工作。此外，洒布透层油前，对已设的路缘石及地下管网井盖等加以遮盖，以防污染。

3）洒表面处治结构层油

浇洒表面处治结构层油前，应根据施工气温及沥青标号来选择沥青的浇洒温度。洒布车的实际浇洒量取决于浇洒带的宽度、洒布车行驶速度以及沥青的稠度和加热温度等，在浇洒前应做试验，以确定单位面积的实际沥青用量。

洒布车通常根据浇洒定额、路面宽度、路段允许回车长度和施工地点可否中断交通等来确定选择全宽、半宽或分几次进行纵向洒布沥青。当纵向分多次行程浇洒时，应注意使纵向接缝处前后两次洒布沥青的重叠宽度控制在10～15cm，横向接缝处则可重叠20～30cm。为了防止相邻路段起终点间重叠过多或不匀，则可用铁板铺盖在接头处，洒完后将板上沥青立即刮除。浇洒表面处治结构层沥青时，要沿路面边缘拉线，使沥青洒布整齐；对道路人工构造物及各种井盖、侧平石、路缘石等外露部分以及人行道路面要加以遮盖，防止污染。

洒布时应控制好沥青温度，石油沥青宜为130～170℃，煤沥青宜为80～120℃，乳化沥青不得超过60℃。

4）撒布集料

洒布表面处治结构层沥青后应立即用集料撒布机或人工撒布第一层集料，并及时扫匀，达到全面覆盖、厚度一致、集料不重叠也不露出沥青的要求。局部缺料处应适当找补，集料过多处应将多余集料扫出。两幅搭接处，第一层洒布沥青应暂留100～500mm宽度不撒石料，待第二幅一起撒布。

撒布集料时，不必等全段撒布完，立即用6～8t钢筒双轮压路机从路边向路中心碾压3～4遍，每次轮迹重叠约300mm。碾压速度开始不宜超过2km/h，以后可适当增加。

5）第二、三层施工

第二、三层的施工方法和要求与第一层相同，但应采用8t以上的压路机碾压。最后在表面上撒嵌缝料作封层。

双层式或单层式沥青表面处治浇洒沥青及撒布集料的次数相应减少，其施工程序和要求参照三层式沥青表面处治进行。

6）碾压成型

碾压成型应用8t以上的压路机，由两侧向中间碾压，碾压要求与分层碾压要求相同。由于面层是路面的外观层，应特别注意路面的平整度、外形及横坡，应符合设计的规定。

7）初期养护

初期养护是确保路面质量的重要工序。碾压成型后即可开放交通，并通过开放交通进行补充压实，逐步成型稳定。在通车初期应设专人指挥交通或设置障碍物控制行车速度，限制行车速度不超过20km/h，严禁畜力车及铁轮车行驶。

沥青表面处治应注意初期养护。当发现有泛油时（泛油指沥青过多，冒出路面的积油现象），应在泛油处补撒与最后一层集料规格相同的嵌缝料并扫匀，过多的浮料应扫出路面外。

6.3.5　施工质量控制

1）质量控制

（1）沥青洒布质量控制

施工前应检查沥青洒布车的油泵系统、输油管道、油量表、保温设备等，并将一定数量沥青装入油罐进行试洒，确定喷洒速度及沥青用量。每次喷洒前应保持喷油嘴干净，管道畅通，喷油嘴角度要一致，并与洒油管成15°～20°夹角，洒油管的高度应适当，使同一地点接受两个或三个喷油嘴的沥青，不得出现花白条。在有风的天气条件下，不宜使用三重喷油高度。

（2）集料撒铺质量控制

浇洒表面处治结构层沥青后（不必待全段洒完）应立即用集料撒布机或人工撒布第一层集料，且应符合下列要求：

①当使用乳化沥青时，集料撒布应在乳化沥青破乳之前完成。

②撒布后应及时扫匀，达到全面覆盖一层、厚度一致、集料不重叠并不露出沥青的要求，局部缺料时，用人工找补；集料过多时，将多余集料扫出路面。

③沥青浇洒长度应与集料撒布能力相配合，应避免沥青洒布后等待较长时间才撒布集料。

④当使用乳化沥青时，第二层撒布S12（5～10mm）碎石作嵌缝料后尚应增加一层封层料，其规格为S14（3～5mm），用量为3.5～5.5m^3/1 000m^2。

2）质量检测

质量检测是施工质量控制和竣工评定工作中不可缺少的一个重要环节。通过质量检测能合理地控制并科学地评定工程质量。沥青表面处治面层的质量检测主要包括外观检测、材料检测、路面压实度检测、平整度检测、几何尺寸检测和线位检测等方面。下面将分别介绍各项检测的具体工作。

（1）路面材料检测

路面材料质量应符合规范的要求，不合格材料一律不得用作路面材料。材料应取样送交专业试验室检测。

(2)外观检测

外观是路面质量最直观的反映,它是质量检测时不可缺少的一项工作。沥青表面处治的外观检测主要包括以下几个方面:表面平整密实,不应有松散、油包、波浪、泛油、封面料明显缺失等现象,有上述缺陷的面积之和不应超过受检面积的0.2%;无明显的碾压痕迹;面层与路缘石及其他构造物应顺接,不得有积水现象。

(3)路面压实度检测

路面压实度检测方法很多,主要使用的有挖坑灌砂法、环刀法、核子仪法、钻芯取样法等。通过检测方法测出路面的实际密度,并进一步计算压实度。

(4)平整度检测

平整度是路面施工质量的重要指标之一。不平整的表面将造成行车颠簸,影响行车速度和安全及驾驶的平稳和乘客的舒适;同时还会加剧路面和轮胎间的磨损,并增大油耗。因此,平整度的检测与评定是公路施工的一个重要环节。检测平整度的方法有:3m直尺法、平整度仪法,测试车法。现仅对3m直尺法加以介绍。

用3m直尺法检测时,按需要确定方向,将直尺摆在测试地点的路面上:目测3m直尺与路面之间的间隙情况,确定间隙最大的位置;用有高度标线的塞尺塞进间隙处,量记最大间隙的高度,精确至0.2mm。每一处连续检测10尺,判断每个测定值是否合格,并计算合格率和10个最大间隙的平均值。

(5)位置及几何尺寸检测

路面完工后其位置及几何尺寸应符合设计要求,检测结果是竣工验收的基本依据。检查内容及方法有以下几项。

①路中线偏位检测

一般用经纬仪现场放线,用皮尺实地检测。

②路面高程及横坡检测

一般用水准仪测定实地高程和横坡后与设计高程、设计路拱核对,校验检测误差。

③宽度检测

直接用皮尺实测后与设计值核对。

④路面厚度检测

通常用路面取芯钻机在现场钻孔后,用钢卷尺实测路面厚度并与设计厚度校核。

(6)实测项目及要求

实测项目见表1-6-12。

沥青表面处治实测项目　　表1-6-12

种类	检 查 项 目		规定值或允许偏差	检查方法和频率
1	平整度	σ(mm) IRI(m/km)	4.5 7.5	平整度仪,全线每车道连续按每100m计算IRI或σ
		最大间隙h(mm)	10	3m直尺,每200m测2处×10尺
2	弯沉值(0.01mm)		符合设计要求	

续上表

种类	检 查 项 目		规定值或允许偏差	检查方法和频率
3	厚度(mm)	代表值	-5	每车道每 200m 测 1 次
		合格值	-10	
4	沥青用量(kg/m^2)		±0.5%	每工作日每层洒布查 1 次
5	中线平面偏位(mm)		30	经纬仪,每 200m 测 4 点
6	纵断高程(mm)		±20	水准仪,每 200m 测 4 断面
7	宽度(mm)	有侧石	±30	尺量,每 200m 测 4 处
		无侧石	不小于设计	
8	横坡(%)		±0.5	水准仪,每 200m 测 4 断面

6.4 碎石封层

碎石封层就是采用层铺法施工,在旧路面强度指标符合要求的情况下,对原路面进行清扫和简单处理,采用直接洒布沥青和撒铺碎石的方法加铺的沥青薄处理层。具有改善路面使用质量、修复磨耗路面、路面防水等多项功能,并具有造价低、施工工艺简便、施工速度快等多项优点。碎石封层按层数一般分为单层、双层和三层三种,按施工工艺分为常规碎石封层和同步碎石封层两类。

碎石封层适合于中、小交通量的公路,即 ADT <1 000 ~5 000 辆/车道或低等级的公路。由于汽车高速行驶时松动石料可能会打碎汽车挡风玻璃,因而高等级公路不推荐使用。

天气条件对碎石封层的性能影响很大,尤其在施工的时候。最好在温暖、有太阳、湿度低的天气施工,一般要求温度高于 15℃(最佳温度范围为 26 ~60℃),相对湿度低于 75%;不宜在湿度大、温度低的天气和雾天、雨天施工。

6.4.1 碎石封层的材料要求

1)石料的选择

同步碎石封层对集料的要求:碎石要求经过反击破(或锤击破碎)而得到,针片状含量严格控制在 15% 以下,几何尺寸好,不含杂质和石粉,压碎值≤14%,并严格经过水洗风干,其技术要求见表 1-6-13、表 1-6-14。

同步碎石封层用集料技术要求　　表 1-6-13

序号	技 术 指 标	技 术 要 求	试 验 方 法
1	压碎值(%)	≤14	T 0316—2000
2	洛杉矶磨耗损失(%)	≤30	T 0317—2000
3	破碎面、几何形状	4 个破碎面以上、近似立方体	—
4	与沥青的黏附性(%)	4 级以上	—
5	针片状含量(%)	≤15	T 0312—2000

续上表

序号	技术指标	技术要求	试验方法
6	粉尘含量(%)	≤1	T 0310—2000
7	软石含量(%)	≤5	T 0320—2000

普通碎石封层用集料的质量要求　表1-6-14

项　目	质量标准	试验方法
洛杉矶磨耗损失(%)	≤45	MTM102 或 T 0317—2000
石料破损率(%)	≥95	MTM-117
有害颗粒含量[1](%)	≤8	MTM-110
针片状含量(%)	≤20	ASTM D4791 或 T 0312—2000
集料磨耗指数(AWI)[2]	≥260	MTM-111

注:1. 有害颗粒是指页岩、泥板岩、淤泥、泥沙、黏土等杂质;
2. AWI 即 Aggregate Wear Index。

集料的质量对沥青碎石封层的施工质量起着决定性的作用。集料的选择应结合质量要求、经济性及工程实际情况等多方面因素综合考虑,特别是同步碎石封层,对集料质量要求更高,必须注意以下几方面因素:

硬度:必须有足够的硬度以抵挡交通磨损,在相对重载车辆较多、车流量较大的情况下,集料的硬度尤为重要,压碎值应小于14%。

清洁度:我国的相关规定对集料清洁度的要求是小于0.075mm颗粒含量不大于1%,过多的矿粉含量将直接影响到集料的黏结效果。

粒径:碎石应该有近乎单一级配,并根据工程需要确定粒径大小。

针片状颗粒含量:尽量使用立方体的集料,避免针片状结构的集料,我国要求针片状含量不应大于15%,以保证集料在沥青中达到合适的嵌入深度。

2)黏结剂的选择

普通碎石封层常用的沥青类型主要是阳离子型乳化沥青,改性与不改性由具体应用情况而定。其质量可参考美国标准 Mn/DOT 3151 的有关规定。其用量应以70%的石料能嵌入乳化沥青黏结层为标准。

同步碎石封层常用的沥青类型主要是改性热沥青,一般需要加热至150~170℃,其性能应符合《公路沥青路面施工技术规范》(JTG F40—2004)的有关规定。其用量应以70%的集料能嵌入乳化沥青黏结层为标准,一般在1.2~1.7kg/m^2,可根据现场实际情况调节。可根据工程实际情况选择普通沥青、乳化沥青或是改性沥青。

6.4.2　沥青碎石封层级配设计

在我国当前规范中,仅在《公路沥青路面施工技术规范》(JTG F40—2004)中给出了沥青表面处治材料规格及用量表,供设计和施工时参考,并没有给出具体的设计步骤。结合先进国家的经验,加之实践确定如下级配设计步骤:

1)路况调查

进行沥青碎石封层设计前,首先应做如下几个方面的调查:

基础资料:原路面的技术等级、结构类型和建养史。

几何数据:道路断面的尺寸、平纵线形等。

交通状况:交通量的大小、车型比例等。

基层条件:路面基层的类型、基层状况的好坏。

质量状况:路面整体强度、病害状况等。

环境条件:道路所处环境状况,如气温、降雨、地下水位等。

养护条件:养护队伍素质、日常养护和养护资金投入情况等。

经济效益:该条道路的直接效益和社会效益等。

2)结构类型的选择

我国规范规定的沥青碎石封层类型可以分为三种,单层、双层和三层。从工程实践看,常用的结构类型有单层、双层和嵌入式。通过对路况以及实际工程需要的调查,就可以选择碎石封层的结构类型,进而确定材料的级配和用量。

单层式:单层式碎石封层是最常用的类型,以同步碎石施工为例,通过采用不同粒径碎石及不同用量和类型的沥青,都取得了较好的施工效果。

双层式:在重交通条件下或不同的下承层下,可考虑采用双层式沥青碎石封层,它使作用于其上的荷载更好的分布,但现在应用较少。

嵌入式:是介于以上两种的一种折中结构,性能比较优越。

3)碎石和黏结剂使用量的确定

我国规范中,只在《公路沥青路面施工技术规范》(JTG F40—2004)中给出了一个沥青表面处治材料规格及用量表,只适用于较低等级的道路。通过对国省道四个不同路段进行的同步碎石施工的实践结果分析,结合国外指标要求(见表1-6-15),经过总结得出以下结论:

集料级配及用量,应根据每个工程的实际情况(季节、车流量、路面情况等),经过现场试铺来确定。通过试验,单层铺筑普通沥青用量可控制在0.9~1kg/m^2,集料粒径控制在8~12mm。对于沥青含量较多的路面,沥青用量可减少10%~20%或采用较大粒径的集料;在粗糙、细微裂缝较多的路面上或路面空隙较大的下承层上,沥青用量应增加10%~20%。在高温季节、车辆荷载较大的车道应采用较低沥青用量,低温季节及荷载较小车道应采用较高沥青用量。

碎石封层使用的集料类型应选择坚硬耐磨的玄武岩、辉绿岩等。普通碎石封层级配要求见表1-6-16的规定,其用量范围一般在11~12kg/m^2。

同步碎石封层普遍采用间断级配结构。根据路面状况及对路面防滑性能的要求不同可分为:2~4mm、4~6mm、6~10mm、10~14mm四个规格。可根据不同路面选用不同的集料规格,一般乡村公路路面养护通常选用4~6mm的规格,车速较高公路路面养护用6~10mm或10~14mm的规格,可根据路面技术要求摊铺2层以上。常用方法为用4~6mm或6~10mm、10~14mm集料进行第一次封层,然后用2~4mm集料做第二次封层。

其用量一般和普通碎石封层相同，可根据现场实际情况调节。

法国的沥青碎石封层材料级配及用量　　表1-6-15

石屑尺寸		乳液(kg/m²)		石　屑 (m³/1 000m²)
		65%	69%	
单层式	4~6mm	1.2	1.1	6~7
	6~10mm	1.5	1.4	8~9
	10~14mm		1.86	11~13
嵌入式	10~14mm		1.9	7~9
	4~6mm			4~6
	6~10mm		1.6	5~7
	2~4mm			3~4
双层式	第一层10~14mm	1.1	1.0	10~11
	第二层4~6mm	1.5	1.3	6~7
	合计	2.6	2.3	—
	第一层6~10mm	1.0	0.9	8~9
	第二层2~4mm	1.3	1.2	5~6
	合计	2.3	2.1	—

普通碎石封层用集料的级配　　表1-6-16

筛孔尺寸(mm)	通过率(%)	筛孔尺寸(mm)	通过率(%)
12.5	100	2.36	0~10
9.5	90~100	0.075	≤3
4.75	10~30		

6.4.3 碎石封层的施工

沥青碎石封层的施工工艺控制对于保证封层的工程质量是非常重要的，关键是要选择先进、适用的机械设备和符合质量标准的原材料，控制好施工温度、沥青洒布量、碎石用量、碾压和初期养护等关键工艺。

1)机械要求

进行沥青碎石封层施工，必须配备以下机械设备：

路面清扫设备：清扫设备可以采用真空吸式清扫车或空气压缩机，配备数量应能满足施工需要。

沥青洒布设备：应配备高性能、全自动、智能化沥青洒布车，可洒布普通沥青、乳化沥青和改性沥青等不同的沥青，并要求计量准确、洒布均匀。

集料撒铺设备：需用专用或悬挂式集料撒铺车。沥青的洒布和集料的撒铺也可以结合在一起，使用同步碎石封层机，可以取得比异步更好的施工效果。

压实设备：16t以上轮胎式压路机，吨位越大压实效果越好。

2）施工工艺及要点

施工之前应先进行 15～30m 的试摊铺以对设计的沥青用量和集料用量作适当调整。然后用沥青喷洒车在路面上均匀地喷洒沥青，紧接着用集料撒布机在其上均匀地撒布集料。对于同步碎石封层，沥青和集料的撒布可由同步碎石封层车一次性完成。集料撒布后应立即用轮胎压路机进行碾压，集料撒布和完成初压的时间间隔不得超过 3min。轮胎压路机的行驶速度应小于 8km/h，整个碾压过程必须在乳化沥青破乳之前或热沥青大幅降温之前完成，一般需碾压 3 遍。施工时的具体要求如下：

（1）施工天气

施工时，对气候的要求应同时满足以下三项条件：气温在 20℃以上、风力小于 3 级、三天以内无雨。只有这样才能保证集料与沥青的充分黏结。当气温在 30℃以上，天气晴朗的条件下施工效果最好，应尽量避免在雨季或晚秋季节施工。

（2）原路勘查

结合级配设计时对路况的调查，再对施工路段如病害情况、交通量大小等情况进行详细的勘查并记录，据此来确定施工方案，包括对路面病害的处理方法及有关工作的组织协调等。

（3）原路面病害处理

封层施工以前，要对原路面坑槽、严重沉陷、拥包、松散等主要病害进行处理，使原路面平整度和强度满足基本要求。

（4）路面清洁

为保证沥青碎石封层与下承层的良好黏结效果，施工前要对原路面进行认真清扫，扫除松散材料、尘土及其他杂质，必要时采用水洗方式。

（5）测量放样

用测量仪器定出中线和边线桩，挂上目标线，便于洒布作业。

（6）交通管制

由于沥青碎石封层通常为半幅通车半幅施工，必须要有专门的人员负责指挥交通，确保安全施工。

（7）材料与机械准备

对沥青进行预加热，保证沥青温度在 160～170℃范围内；集料过筛，并根据现场情况分堆堆放；调整封层车喷油嘴高度；调整封层车料斗角度；胶轮压路机、装载机调试妥当。

（8）封层施工

按照设计的结构形式，以先油后料的顺序施工，同步碎石一并完成。当采用分步撒布设备时，要注意使沥青洒布长度与集料撒铺车能力相匹配，避免沥青洒布后等待较长时间才撒铺集料。当使用乳化沥青时，集料撒铺应在破乳前完成。同时施工中要注意保证沥青的温度及沥青、集料撒铺的均匀性，接缝应特别注意。

（9）压实

撒铺集料后，应立即用轮胎压路机碾压 3～4 遍，碾压速度前两遍不应超过 2km/h，后两遍速度可适当增加。

(10)检查

注意检查横向和纵向的均匀性及材料用量是否达到设计要求,发现问题及时处理。

(11)开放交通

沥青碎石封层在碾压结束后即可开放交通,并通过开放交通补充压实,成型稳定,但前期应限制车辆通行速度不超过20km/h。

(12)初期养护

当发现泛油时,应在泛油处补撒与集料规格相同的嵌缝料并扫匀,多余集料应回收或扫出路外。

6.4.4　沥青碎石封层质量标准

在现行相关规范中对沥青碎石封层的质量检验标准,都未做出明确规定,通过相关试验提出:质量检验首先从外观确保表面平整,平整度应小于等于8mm;集料撒布均匀,覆盖率达沥青表面90%以上;两幅接缝处平整、外观颜色均匀一致,不应存在泛油或接缝过大等现象,并且与其他构造物连接平顺。其次要通过对具体指标的检测来判断是否达到标准要求,具体内容见表1-6-17。

沥青碎石封层质量标准　　表1-6-17

检验项目	规定值或允许偏差	检验频率或方法
厚度	±1mm	单幅3处/km
宽度	≥设计值	单幅3处/km
集料系数	≤5ml	2处/km²
集料剥落度	≤10%	单幅3处/km
平整度	≤8mm	
构造深度	≥0.55mm	
横向力系数	≥30	

沥青喷洒率的偏差应控制在±0.06L/m²,集料撒布率的偏差应控制在±0.5kg/m²,级配偏差的控制标准见表1-6-18,施工时集料的含水率不得超过其干重的4%。

集料级配偏差控制标准　　表1-6-18

筛孔尺寸(mm)	偏差控制标准(%)	筛孔尺寸(mm)	偏差控制标准(%)
4.75	±5.0	2.36	±3.0

6.5　纤维碎石封层

纤维碎石封层技术是指采用纤维封层核心设备同时洒(撒)布沥青黏结料和玻璃纤维,然后在上面撒布碎石经碾压后形成新的磨耗层或者应力吸收层的一种新型道路建设施工和养护技术。纤维碎石封层结构为沥青层＋纤维层＋沥青层＋碎石层形成的一种物料相互作用的致密网络缠绕结构。这种纤维封层，由于纤维本身高抗拉伸强度和高弹性模量值的特性，有效地提高了封层的抗拉、抗剪、抗压和抗冲击强度。两层沥青的连续洒布，更加提高了封层的密闭性，加之结构中起到加筋和桥接作用的纤维对前后两层沥青结合料起到极强的吸附作用，它能非常容易地吸附沥青中的油分，增加其黏度和黏附力，能有效阻止沥青的流动，在原有路面上形成一层致密的保护膜，对沥青起到高温稳定、增韧阻裂的作用，从而避免了高温泛油造成的路面病害，减少了道路路基因水渗透的早期破坏，延长了道路的使用寿命。

6.5.1　材料要求

1）乳化沥青

从纤维碎石封层的原理可知，结合料必须同时保证足够的黏结性能和流动性能。乳化沥青只有具有足够的黏结性能，才能保证集料与原路面、集料与集料之间的黏结；在封层没有成型前，乳化沥青必须有一定的流动性，以确保在胶轮的压实作用下有足够的爬升能力，只有这样才能确保封层的质量。纤维封层技术主要使用改性乳化沥青作为封层结合料。一般用SBS、SBR等改性乳化沥青。借鉴国外的成功经验，宜选择快凝、阳离子型SBR改性乳化沥青作为封层结合料。改性乳化沥青技术指标见表1-6-19。

改性乳化沥青技术指标　　表1-6-19

试验项目		单位	要求值	试验方法
筛上剩余量(1.18mm)		%	≤0.1	T 0652
电荷			阳离子	T 0653
破乳速度			快裂	T 0658
恩格拉黏度E25			3～30	T 0622
沥青标准黏度		s	12～60	T 0621
蒸发残留物含量		%	≥60	T 0651
蒸发残留物	针入度(100g,25℃,5s)	0.1mm	40～100	T 0604
	软化点	℃	≥53	T 0606
	延度(5℃)	cm	≥20	T 0605
	溶解度(三氯乙烯)	%	≥97.5	T 0607
存储稳定性	1d	%	≤1	T 0655
	5d	%	≤5	

注：表中试验方法详见《公路工程沥青及沥青混合料试验规程》(JTG E20—2011)。

2）纤维

纤维的用量根据路面的状况、施工类型、路面龟网裂严重程度进行确定。龟网裂越严重，纤维用量越大。纤维可切割成3cm、6cm或12cm长。根据经验和实际需要，宜采用长度为6cm的喷射无捻粗纱型玻璃纤维作封层材料。

3）集料

集料应具有良好的抗磨耗性能、抗滑性能及足够的抗压强度。纤维碎石封层可以采用石灰岩、花岗岩、玄武岩等，常用粒径为3～5mm、5～10mm。具体所用级配要根据交通量、施工结构等不同因素选择，集料要洁净。集料质量检测指标见表1-6-20。

集料试验结果　　表1-6-20

指　　标	单　　位	技术要求
集料压碎值，不大于	%	26
洛杉矶磨耗损失，不大于	%	28
表观相对密度，不小于	t/m^3	2.60
吸水率，不大于	%	2.0
坚固性，不大于	%	12
细长扁平颗粒含量，不小于	%	15
水洗法小于0.075mm颗粒含量，不大于	%	1
软石含量，不大于	%	3
集料磨光值，不小于	BPN	40

应根据基层或旧沥青路面的粗糙度及网裂程度，确定纤维碎石封层各材料用量。各种材料用量建议值见表1-6-21。

纤维碎石封层各材料用量　　表1-6-21

材料名称	乳化沥青（kg/m^2）	纤维（g/m^2）	碎石（$m^3/1\,000m^2$）
用量	1.8～2.2	60～100	8～12

6.5.2　工艺流程

1）试验段施工

首先选择一定长度的路面进行纤维碎石封层试验路施工作业，根据试验路效果对施工各参数进行调整（包括纤维封层设备沥青喷洒、纤维撒布试作业，碎石撒布车碎石撒布量的修正），直到达到预期效果后，再正式进行施工。施工过程中，随时调整，确保施工按设计要求进行。

2）同步洒布沥青和纤维

使用纤维封层设备，同时进行2层沥青喷洒、1层纤维撒布施工。根据路面全幅宽度调整沥青洒布宽度，使施工幅数为整数，减少作业时间。洒布第1层沥青的同时，将纤维破碎成规定尺寸撒布，同时洒布第2层沥青。乳化沥青温度不得低于60℃，不得高于80℃。纤维封层设备车速控制在3～4.5km/h，最佳车速为3.6km/h。

3）撒布碎石

两台碎石撒布车交替连续跟进纤维封层设备进行碎石撒布，车速与纤维封层车速相匹配，磨耗层碎石覆盖率控制在100%以上。

4)碾压

撒布一段碎石,立即用6~8t胶轮压路机跟进碾压作业,碾压2~3遍,碾压初始速度不超过2km/h,控制在1.5km/h,以后适当增加到2~3km/h。经稳压后的碎石侵入深度为粒径的1/2左右。

5)初期养护与开放交通

碾压完成后,进行初期养护,禁止车辆通行,并在养护路段内设置相应的交通标志。纤维碎石封层施工结束后,为了保证施工质量,初期养护时间定为2~6h,然后开放交通,对于一些散落在路面及路边的碎石,及时进行清除。

6.5.3　施工要点

(1)集料应具有良好的抗磨耗性能、抗滑性能及足够的抗压强度。集料的撒布量要根据沥青用量和碎石粒径大小进行调整;集料撒布和碾压均应在乳化沥青破乳前完成。

(2)SBR改性乳化沥青用量要根据基层或旧路面粗糙度及网裂严重程度现场进行调整,基层或旧路面粗糙度越大,SBR改性乳化沥青用量越大;网裂越严重,SBR改性乳化沥青用量越大。

(3)纤维用量根据基层或旧路面的网裂程度进行调整。旧路面的网裂程度越严重,纤维用量越大。

(4)纤维封层施工对气候条件要求十分严格,在气温降到10℃并且持续下降时,不允许施工,阴雨天气禁止施工。

6.5.4　施工质量控制要点

1)施工过程质量控制

纤维封层的施工自动化程度高,改性乳化沥青及纤维的洒布量由纤维封层核心设备通过电脑操作进行自动控制,集料的撒布也可通过机械自动控制。但是也存在施工质量问题。常见施工质量问题包括:乳化沥青洒布不均匀、集料撒布不均匀、纤维封层与基层或原路面黏结性差、集料与乳化沥青黏结性差、局部泛油等。影响施工质量的主要因素包括:纤维封层核心设备自动控制系统的准确性和稳定性、施工速度、施工经验、沥青与集料的撒布量、沥青与集料的黏结性能、集料粉尘含量、碾压的时间及次数、施工期间的环境温度、初始养护期间的气候、开放交通后的交通量及轴载大小等。

为验证纤维封层车自动控制洒布量的准确性,可将一定面积的硬纸板称好重量后铺在原路面表面,待沥青及纤维(洒)撒布后再称其重量,由两次重量之差即可得到乳化沥青及纤维的实际(洒)撒布总量。为使沥青及纤维的(洒)撒布量均匀并满足规定要求,纤维封层车的运行速度必须设置合理。实际施工作业速度受沥青洒布量、洒布宽度、洒布速度等因素的综合影响见表1-6-22。

为保证沥青洒布量、洒布均匀度及碎石布料器的正常布料,要求车速的调节范围能够满足沥青泵流量、洒布高度及碎石料的正常下滑。根据施工经验,该作业速度一般为3~6km/h。法国赛格玛纤维封层车的最佳施工运行速度为1.0m/s,即3.6km/h。沥青洒布均匀度要求沥青在洒布时纵向及横向都能保证高度的均匀性，纵向均匀性要求沥青洒布量沿车辆行进方向上均匀。横向均匀性要求沥青用量沿作业宽度方向上均匀，即要求沥青在洒布时按三重叠洒布进行作业，如图1-6-3所示。

沥青洒布宽度、洒布量与洒布速度的关系　　表1-6-22

洒布宽度(m)	洒布量(L/m²)	洒布速度(km/h)
4.0	1.0	0.5～11.0
2.0	1.0	1.2～23.0
1.0	1.0	2.5～46.0
0.5	1.0	5.0～92.0

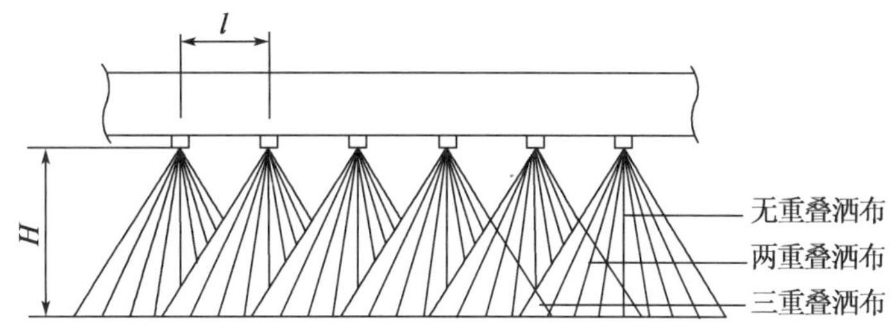

图1-6-3　沥青洒布示意图

目前相关规范还缺乏专门针对纤维封层的检测指标和检测方法。根据纤维封层的功能、用途及特点，拟定以下主要的检测指标、标准和频率。每批集料均应按《公路沥青路面施工技术规范》(JTG F40—2004)所列技术指标进行取样检验。其中材料用量检验标准见表1-6-23。

主要材料撒布量检验标准　　表1-6-23

检 查 项 目	允许偏差值	检 查 频 率	检 查 方 法
改性乳化沥青洒布量(kg/m²)	±0.2	3处/次	单点监测，摆盘子法
	±0.1	适时	总量检验，每车油重/撒布面积
碎石撒布量(%)	±5.0	3处/次	单点监测，摆盘子法
纤维撒布量(%)	±0.5	适时	总量检验，每车油重/撒布面积

2)验收质量控制

纤维封层的质量验收指标包括外观、厚度、平整度、宽度、集料剥落度、构造深度、摩擦系数摆值、渗水系数等，具体要求见表1-6-24。国内外资料与实践表明，构造深度和基于视觉的评价将成为检验纤维封层质量的主要指标。

纤维封层验收质量标准　　表1-6-24

检 查 项 目	检 查 频 率	质量要求或允许偏差	试 验 方 法
外观	全线	密实，不松散	目测
厚度	每200m一点	5mm	钻芯
平整度	每1km 10处，各连续十尺	4.5mm	3米直尺
宽度	每1km 20个断面	不小于设计宽度	用尺量

续上表

检查项目	检查频率	质量要求或允许偏差	试验方法
集料剥落度	每1km 4点	<5%	现场测值
构造深度	每1km 5点	≥0.55	铺砂法
摩擦系数摆值	每1km 5点	≥45	摆式仪
渗水系数	每1km 1点	>5ml/min	变水头渗水仪

6.6 微表处

微表处是稀浆封层的一种特殊类型，摊铺厚度为10～20mm。微表处是采用专用机械设备将聚合物改性乳化沥青、粗细集料、填料、水和添加剂等按照设计配比拌和成稀浆混合料摊铺到原路面上，并很快开放交通的具有高抗滑和耐久性能的薄层。

微表处能密封路面表面，阻止路面松散、氧化，密封路面的细小裂缝，改善路面的抗滑性能和行驶质量，修复轻度车辙和轻微的表面不规则，增加路面颜色对比度或改善路面外观。其中，修复轻度车辙、提高抗滑性和改善泛油现象是其最重要的功能。

微表处施工工艺简单，成本低，污染小，不仅可以改善原沥青路面的磨损、老化、抗滑、松散、坑槽等病害，提高沥青路面的使用性能及可靠性和耐久性，还可以提高原路面的防病害能力。因此，微表处技术具有优良的使用性能和显著的社会经济效益，在公路养护中有着广泛的应用前景。

6.6.1 微表处的材料要求

微表处所用的原材料主要包括改性乳化沥青、集料、填料、水和添加剂5种，都有具体的技术要求。

1）改性乳化沥青

用于微表处的改性乳化沥青一般有两种制备工艺：先用改性材料将沥青改性，再将改性沥青乳化；或先将改性材料掺入乳化剂水溶液中，而后与沥青进入乳化机乳化，微表处用改性乳化沥青的技术要求见表1-6-25。

改性乳化沥青的主要技术指标　　表1-6-25

测试项目	技术规范	测试项目	技术规范
蒸发残留物含量(%)	60～65	电荷	阳离子
破乳速率	慢	低温试验	通过
筛上剩余量(%)	<0.3	裹附试验	通过
动力黏度25℃，Pa·s	80～200	针入度25℃(1/10mm)	40～90
恩格拉黏度25℃，°E	3～15	延度5℃，cm	8
存储稳定性(1天)%	<1	软化点，℃	>55

2)集料(矿料)

集料在微表处中起骨架作用,它的最大粒径决定封层的厚度。在我国,玄武岩集料由于坚硬、耐磨、耐久性好,经常用于热拌沥青路面。但由于其对沥青的黏附性差,因此在稀浆封层和微表处中较少采用。为此,如采用玄武岩作为集料,应掺加适量的石灰岩矿粉。这样会使集料具有良好的耐磨性和黏附性。

用于微表处的集料,必须坚硬、耐磨,不含泥土杂质,砂当量大于65%。同时还应当满足沥青面层用集料的各项技术要求,综合规范规定,微表处用集料技术要求见表1-6-26。

集料主要技术指标 表1-6-26

技术指标	沥青面层集料指标要求	技术指标	沥青面层集料指标要求
砂当量(%)	>65	细集料坚固性	<12
磨耗值(%)	<30	含泥量(%)	<1
压碎值(%)	<28	粉尘含量(%)	<15
吸水率(%)	<2	针片状含量(%)	<15
抗压强度(MP)	>120	软石含量(%)	<5
磨光值(PSV)	>35	表观密度	>2.5
黏附性	≥4级		

3)填料

微表处的常用填料有水泥、熟石灰、硫酸铵和粉煤灰,填料的用量应该通过混合料设计试验确定,一般为集料重量的0.1%~3.0%。若集料的级配很好,也可不加填料。

用作填料的水泥、熟石灰、硫酸铵、粉煤灰均不得含泥土杂质,并应干燥、疏松、无聚团和结块,且小于0.075mm的颗粒含量不应小于80%;应便于稀浆混合料的拌和、摊铺和成型,保证封层的整体强度。集料的质量应符合现行国家标准《沥青路面施工及验收规范》(GB 50092—1996)的有关规定,见表1-6-27。

沥青面层用矿粉质量要求 表1-6-27

指标	高速公路、一级公路、城市快速路、主干路	其他等级公路与城市道路
视密度(t/m^3)	≥2.50	≥2.45
含水率(%)	≤1	≤1
粒度范围 <0.6mm (%) <0.15mm (%) <0.075mm (%)	100 90~100 75~100	100 90~100 70~100
外观	无团粒结块	
亲水系数	<1	

4)水

水在微表处中起调节稀浆稠度的作用,水中不得含有可溶性盐类、能引起化学反应的物质和其他污染物,可采用饮用水。总含水率应控制在12%~20%。

5)添加剂

添加剂可调节稀浆混合料的可拌和时间、破乳速度、开放交通时间等施工性能,并可在一定程度上改变混合料的路用性能。

6.6.2　微表处的级配设计

微表处混合料一般由质量合格的改性乳化沥青、集料、填料、水和特定的添加剂按比例拌和而成，并均匀地摊铺在预处理好的路面上。

用于微表处的集料还应符合一定的级配标准。首先，在集料中要有一定数量的粗集料起骨架作用，粗集料过少将会造成粗细集料之间嵌挤力下降，导致封层强度和高温稳定性降低；其次，需要掺加适量细集料以保证稀浆的密实性、黏结性、耐久性和和易性。室内拌和试验和稠度试验表明，如果混合料级配过粗，则由于混合料的孔隙率偏大，拌和时易离析，大粒径集料沉淀不能形成稠度适宜的黏稠浆体，建议的混合料级配如图 1-6-4 所示。

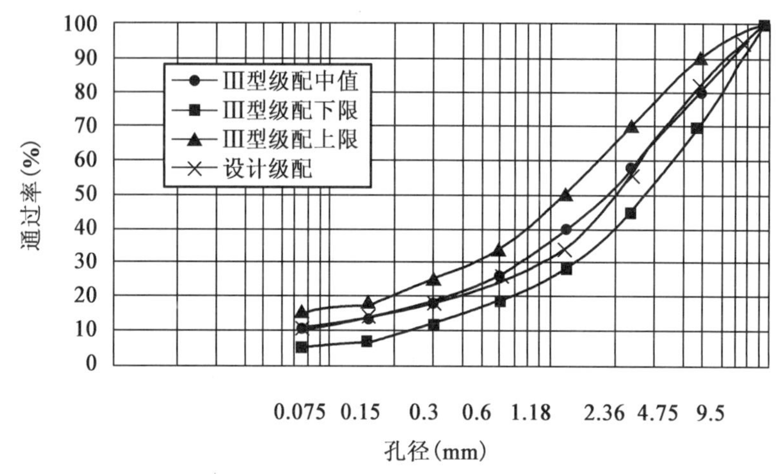

图 1-6-4　微表处混合料级配组成

交通运输部现行《微表处和稀浆封层技术指南》交公便字[2005]329 号借鉴了国际稀浆封层协会(ISSA)的技术标准，又总结了我国近几年来的微表处实践经验，其微表处混合料设计方法和步骤如下：

(1)根据选择的级配类型，按图 1-6-4 规定的矿料级配范围，计算各种集料的配合比例，使合成级配在要求的级配范围内。

(2)根据以往的经验初选改性乳化沥青、集料、填料、水和添加剂的用量，进行拌和试验和黏聚力试验。拌和试验温度应考虑最高施工温度，黏聚力试验的试验温度应考虑施工中可能遇到的最低温度。

(3)根据上述试验结果和稀浆混合料的外观状态，选择 3 个认为合理的混合料配比，按表 1-6-28 的规定测定稀浆混合料的性能，如不符合要求，适当调整各种材料的配合比例再试验，直至符合要求为止。

(4)当设计人员经验不足时，可将初选的 3 个的混合料配比分别变化不同的沥青用量(沥青用量 6.0% ~8.5%)，按照表 1-6-28 的要求进行试验，并分别将不同沥青用量的 1h 湿轮磨耗值和黏附砂量绘制成如图 1-6-5 所示的关系曲线，以 1h 湿轮磨耗值要求的沥青用量作为最小沥青用量 P_{bmin}，黏附砂量接近表 1-6-28 中要求的沥青用量为最大沥青用

量 P_{bmax}，得出沥青用量的可选择范围 $P_{bmin} \sim P_{bmax}$。在沥青用量的可选范围内选择适宜的沥青用量进行试验，使得在该沥青用量情况下混合料的各项技术指标均能满足要求。

微表处稀浆混合料的室内试验技术指标要求　　表1-6-28

项　　目	单　　位	指　　标
可拌和时间(25℃)	s	≥120
黏聚力试验 30min(初凝时间) 60min(开放交通时间)	N·cm	 ≥120 ≥200
负荷车轮黏附砂量	g/m^2	≤450
湿轮磨耗损失 浸水1小时 浸水6天	g/m^2	 ≤540 ≤800
轮辙变形试验的宽度变化率*	%	≤5

注：不用于车辙填充的微表处混合料不要求进行轮辙变形试验。

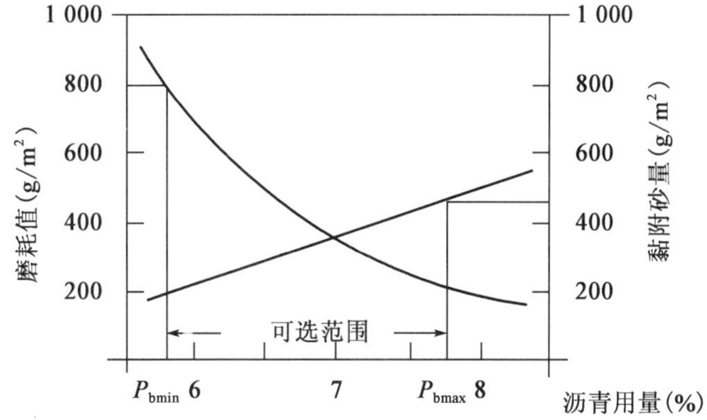

图1-6-5　确定稀浆混合料最佳沥青用量的曲线

(5)根据以往经验及配合比设计试验结果，在充分考虑原路面状况、气候及交通特点等的基础上综合确定混合料配合比。

(6)通过混合料级配设计，出具混合料级配设计报告。

6.6.3　微表处的施工

微表处施工程序如下：

(1)修补、清洁原路面。

(2)施划导线，以保证摊铺车沿直线行驶。有路缘石、车道线等作为参考物时，可不施划导线。

(3)摊铺车摊铺稀浆混合料。

(4)手工作业修复局部施工缺陷。

(5)初期养护。

(6)开放交通。

6.6.4 质量检验

施工中应对混合料进行抽检，项目、频率、允许误差及方法见表1-6-29。

微表处施工过程检测要求 表1-6-29

项目	要求或允许误差	检验频率	检验方法
稠度	适中	1次/100m	经验法
油石比	设计油石比±0.3%	1次/日	三控检验法
矿料级配	规定范围	1次/日	摊铺过程中从集料输送带末端接出集料筛分
外观	表面平整、密实、均匀、无松散，无花白料，无轮迹，无划痕	全线连续	目测
摊铺厚度	设计厚度-10%	5个断面/km	钢尺测量，每幅中间及两侧各1点
WTAT 浸水1h 浸水6d	不大于540g/m^2 不大于800g/m^2	1次/周或5万m^2	《微表处和稀浆封层技术指南》交公便字[2005]329号附录-4

工程竣工后1~2个月，将施工全线分成1~3km作为一个评价路段，进行质量检查和验收，检查项目、频率、要求及方法见表1-6-30。

微表处交工验收检验要求 表1-6-30

项目		质量要求	检测频率	方法
表观质量	外观	表面平整、密实、均匀，无松散，无花白料，无轮迹，无划痕	全线连续	目测
	横向接缝	对接，平顺	每条	目测
	纵向接缝	宽度<80mm 不平整度<6mm	全线连续	目测或用尺量3m直尺
	边线	任一30m长度范围内的水平波动不得超过±50mm	全线连续	目测或用尺量
抗滑	摆值Fb(BPN)	高速、一级公路≥45	5个点/km	摆式仪
	构造深度TC(mm)	高速、一级公路≥0.60	5个点/km	铺砂法
渗水系数		10mL/min	3个点/km	T 0971—2011
厚度		-10%	3个点/km	钻孔，挖小坑或其他有效方法

注：试验方法T 0730—2011详见《公路工程沥青及沥青混合料试验规程》(JTG E20—2011)。

第7章　水泥混凝土面层

水泥混凝土路面具有强度高、耐久性好、养护工作量小、便于就地取材等诸多优点，而且小型机具施工工艺较为简单，便于掌握。水泥混凝土路面厚度应根据道路等级及交通量大小进行技术设计。

7.1　水泥混凝土路面的构造与特点

7.1.1　构造

1）板的平面尺寸

考虑温度应力影响，须设置垂直相交的纵向和横向接缝，将混凝土面层划分为较小的矩形板块。

（1）纵缝间距。纵缝间距即是板的宽度，板的宽度可按路面总宽、每个单车道宽度以及板厚而定。每个单车道宽度为3.75m或3.5m，纵缝间距可据此选用；在行车道宽9m时，可把纵缝间距增大至4～5m，但这是最大限度，过宽容易出现纵向裂缝，在短期内板即发生破坏。

（2）横缝间距。横缝间距即是板的长度。板长应根据当地气候条件、板厚、路基稳定状况和经验确定，一般采用4～5m，最大不得超过6m。

2）纵缝

（1）纵向施工缝。当一次铺筑宽度小于路面宽度时，应设置纵向施工缝。纵向施工缝采用平缝。纵缝内宜加设拉杆，以减小板块横向位移，如图1-7-1a）所示。

（2）纵向缩缝。当一次铺筑宽度大于4.5m时，应增设纵向缩缝。纵向缩缝采用假缝形式。为防止板横向位移，缩缝增大，应在板厚中央设置拉杆，如图1-7-1b）所示。

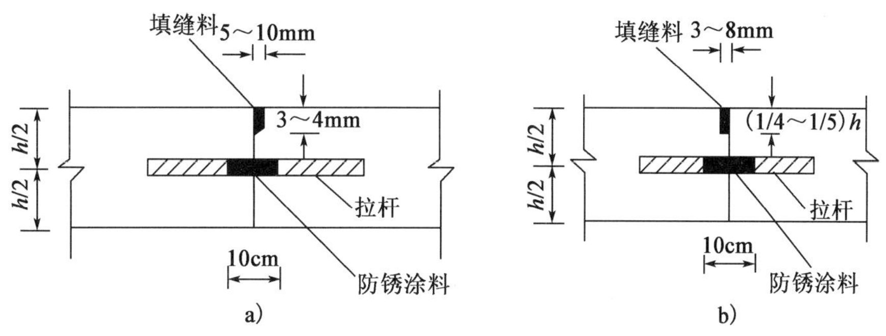

图1-7-1　混凝土路面纵缝构造

3）横缝

横缝可分为横向缩缝、胀缝和横向施工缝。

（1）横向缩缝。横向缩缝采用假缝形式，缝宽 3 ~ 8mm，缝深（1/4 ~ 1/5）h，h 为板厚。横向缩缝一般不设传力杆，但在交通量大的路段，接缝处易出现错台现象，应加设传力杆。横向缩缝构造如图 1-7-2 所示。

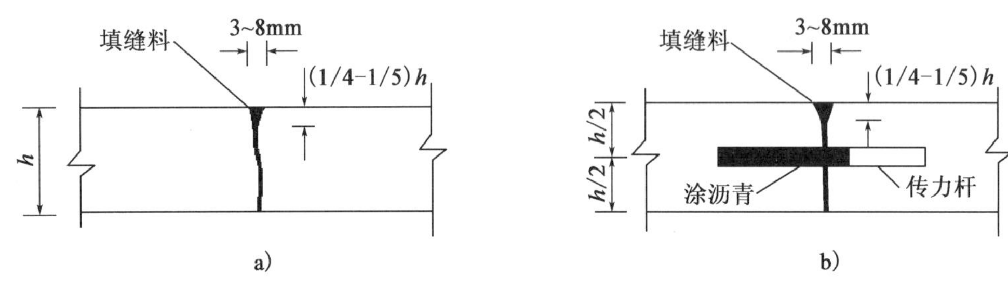

图 1-7-2　横向缩缝构造

（2）胀缝。在胀缝处混凝土板完全断开，因而也称之为真缝，主要是为了防止板体膨胀产生纵向应力。从施工和使用上考虑，胀缝应尽量少设或不设，但在邻近桥梁或其他固定构造物处以及和其他路面相接处、板厚变化断面处、隧道口、小半径曲线和纵坡变换处，均应设置胀缝。在邻近构造物处，至少应设 2 ~ 3 条胀缝。

胀缝应采用滑动传力杆，其构造如图 1-7-3a）所示。同结构物衔接处或其他道路交叉处的胀缝无法设置传力杆时，可采用边缘钢筋型或厚边型，如图 1-7-3b）、1-7-3c）所示。

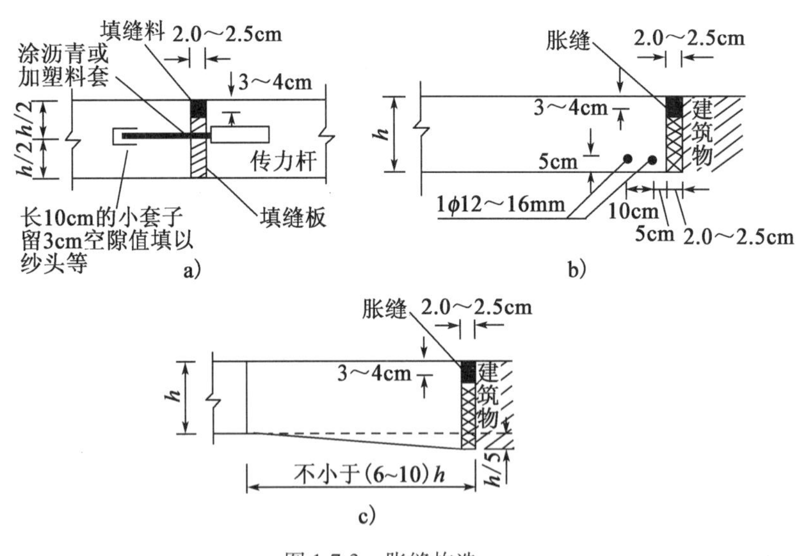

图 1-7-3　胀缝构造

a）传力杆（滑动）型；b）厚边型；c）边缘钢筋型

（3）横向施工缝。横向施工缝是每天施工结束，或由于天气、机械故障或待料等原因，而使混凝土浇筑作业中断的时间超过混凝土初凝时间，为施工方便必须设置横向施工缝。其位置应设在缩缝处。横向施工缝采用平缝并加设传力杆，构造如图 1-7-4 所示。

（4）拉杆。拉杆应采用螺纹钢筋，设在板厚中央，并应对拉杆中部 10cm 范围内进行防锈处理。拉杆尺寸及间距可按表1-7-1选用。施工布设时，拉杆间距应按横向接缝的实际位置予以调整，最外侧的拉杆距横向接缝的距离不得小于100mm。

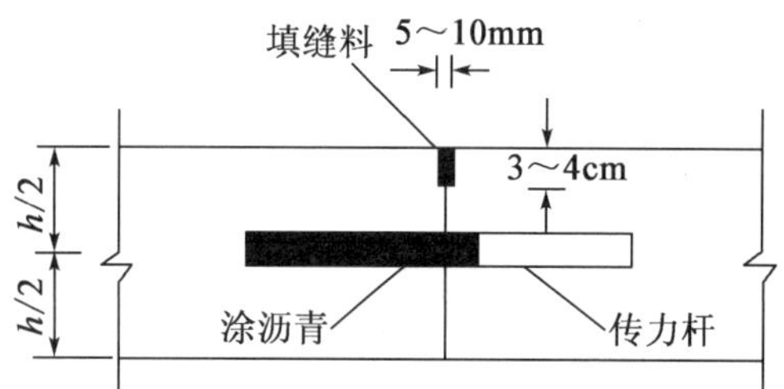

图1-7-4　横向施工缝构造

拉杆直径、长度和间距(mm)　　表1-7-1

面层厚度(mm)	到自由边或未设拉杆纵缝的距离(m)					
	3.00	3.50	3.75	4.50	6.00	7.50
200～250	14×700×900	14×700×800	14×700×700	14×700×600	14×700×500	14×700×400
260～300	16×800×900	16×800×800	16×800×700	16×800×600	16×800×500	16×800×400

注：表中数字为直径×长度×间距。

(5)传力杆。传力杆应采用光面钢筋，其长度的一半再加5cm应涂以沥青或加塑料套。胀缝处的传力杆，应在涂沥青一端加一个套子，内留3cm的空隙，填以纱头或泡沫塑料。加套端宜在相邻板中交错布置。传力杆尺寸及间距可按表1-7-2选用。其最外边的传力杆距接缝或自由边的距离一般为150～250mm。

传力杆尺寸及间距(mm)　　表1-7-2

面层厚度(mm)	传力杆直径	传力杆最小长度	传力杆最大间距
220	28	400	300
240	30	400	300
260	32	450	300
280	35	450	300
300	38	500	300

7.1.2　水泥混凝土路面的优缺点

1)优点

(1)强度高：具有较强的抗压、抗弯和抗磨耗性能。

(2)稳定性好：水稳性、热稳性均较好，其强度随时间的增长而逐渐提高。

(3)耐久性好：经久耐用，使用寿命达20～30年，可通行包括履带式车辆等在内的各种运输工具。

(4)养护费用少：路面坚固耐久，养护工作量小和养护费用少。

(5)抗滑性能较好：路表摩阻力较大，有利于安全行车。

(6)就地取材、充分发挥山东省砂石材料多、水泥资源丰富等特点，并可拉动当地经济。

(7)施工工艺简单,易被群众掌握。

(8)混凝土路面色泽鲜明,能见度好,利于夜间行车。

2)缺点

(1)水泥和水的需求量大。修筑 18cm 厚、3.5m 宽的水泥混凝土路面,每 1 000m 路面要耗费水泥 180 ~ 230t,不包括养生水在内,要用水 110t。

(2)有接缝。水泥混凝土路面要设置大量接缝,增加了施工和养护的复杂性,而且容易导致路面板边和板角处破坏。

(3)开放交通迟。混凝土路面施工后,要经过 14 ~ 21d 的保湿养生才能开放交通。

(4)修复困难。混凝土路面损坏后,开挖困难,修补工作量大。

(5)浇筑混凝土前的准备工作较多,如安设模板,布置接缝及传力设施等。

7.2　一般要求

水泥混凝土路面板的最小厚度为 18cm,板块宜采用长宽相等的方板。路面宽度大于 6m 时,分两块板铺筑,一般只设纵向施工缝;路面宽度小于 4.5m 时,一块板铺筑,设单向路拱(1%),不设纵缝。胀缝间距一般沿板长方向每隔 200 ~ 400m 设一道,应尽量少设。纵坡较大时,可铺筑 AM-16 路面。

横向缩缝、横向胀缝:工作缝、传力杆设置要求按前所述。

混凝土应用机械拌和,施工期的日最低气温应在 5℃以上。在雨季施工时,应注意气候变化,勿使各种原材料和混合料遭雨淋。降雨时应停止施工,但已经摊铺的混合料应尽快振捣成型。

施工前,应通过试验路验证施工配合比,确定设备的机械组合及振捣成型工艺。

一般要求路基应稳定,基层应具有较高的强度,且尽量选用粗粒土或低剂量石灰及水泥稳定细粒土作为路床填料。

农村公路水泥混凝土路面施工机具主要包括钢模板、强制式拌和机、自卸运输车辆、振捣棒、平板振动器、振动梁、提浆滚筒、压纹器、切缝机、灌缝机、洒水车等设备,见表 1-7-3。

小型机具施工配套机械、机具配置　　表 1-7-3

工作内容	主要施工机械机具	
	机械机具名称、规格	数量、生产能力
钢筋加工	钢筋锯断机、折弯机、电焊机	根据需要定规格和数量
测量	水准仪、经纬仪	根据需要定规格和数量
架设模板	与路面厚度等高 3m 长槽钢模板、固定钢钎	数量不少于 3d 摊铺用量
搅拌	强制式搅拌楼,单车道≥25(m^3/h),双车道≥50(m^3/h)	总搅拌生产能力及搅拌楼数量,根据施工规模和进度由计算确定
	装载机	2 ~ 3m^3
	发电机	≥120kW
	供水泵和蓄水池	单车道不小于 100m^3,双车道不小于 200m^3

续上表

工 作 内 容	主要施工机械机具	
	机械机具名称、规格	数量、生产能力
运输	5～10t 自卸车	数量由匹配计算确定
振实	手持振捣棒,功率≥1.1kW	每2m宽路面不少于1根
	平板振动器,功率≥2.2kW	每车道路面不少于1个
	振捣整平梁,刚度足够,2个振动器功率≥1.1kW	每车道路面不少于1个振动器 每车道路面不少于1根振动梁
	现场发电机功率≥30kW	不少于2台
提浆整平	提浆滚杠直径15～20mm,表面光滑无缝钢管,壁厚≥3mm	长度适应铺筑宽度,一次摊铺单车道路面1根,双车道路面2根
	叶片式或圆盘式抹面机	每车道路面不少于1台
	3m刮尺	每车道路面不少于1根
	手工抹刀	每米宽路面不少于1把
真空脱水	真空脱水机有效抽速≥15L/s	每车道路面不少于1台
	真空吸垫尺寸不小于1块板	每台吸水机应配3块吸垫
抗滑构造	工作桥	不少于3个
	人工拉毛齿耙、压槽器	根据需要定数量
切缝	软锯缝机	根据需要定数量
	手推锯缝机	根据进度定数量
磨平	水磨石磨机	需要处理欠平整部位时
灌缝	灌缝机具	根据需要定规格和数量
养生	洒水车4.5～8.0t	按需要定数量
	压力式喷洒机或喷雾器	根据需要定规格和数量
	工地运输车4～6t	按需要定数量

7.3 材料要求

7.3.1 水泥

农村公路水泥混凝土施工可采用普通硅酸盐水泥或矿渣硅酸盐水泥,低温天气施工或有提前开放交通要求的路段,可采用R型水泥。水泥进场时每批应附有化学成分、物理、力学指标合格的检验证明,且存放期不得超过三个月,不同品种、牌号、强度等级、厂家的水泥,严禁混装和混用。

7.3.2 粗集料

水泥混凝土的粗集料是指粒径大于4.75mm的碎石、破碎砾石和砾石等。粗集料应质地坚硬,洁净。粗集料的技术要求应符合表1-7-4的规定。通村公路可采用Ⅲ级粗集料，对于有抗（盐）冻要求的混凝土可以采用Ⅱ级粗集料。集料应具有良好级配。

粗集料的技术要求　　表 1-7-4

项　　目	技 术 要 求		
	一级	二级	三级
碎石压碎指标（%）	<10	<15	<20
砾石压碎指标（%）	<12	<14	<16
坚固性（按质量损失计%）	<5	<8	<12
针片状颗粒含量（按质量计%）	<5	<15	<20
含泥量（按质量计%）	<0.5	<1.0	<1.5
泥块含量（按质量计%）	<0.2	<0.5	<0.7
有机物含量（比色法）	合格	合格	合格
硫化物及硫酸盐含量（按 SO_3 质量计）	<0.5	<1.0	<1.0

7.3.3　细集料

细集料应采用质地坚硬、耐久、洁净的天然砂、机制砂或混合砂。宜为中、粗砂，细集料的技术要求应符合表 1-7-5 的Ⅲ级砂规定。对于有抗冻、抗渗或其他要求的混凝土，可以采用Ⅱ级砂。

细集料的技术要求　　表 1-7-5

项　　目	技 术 要 求		
	一级	二级	三级
氯化物（氯离子质量计%）	<0.01	<0.02	<0.06
坚固物（按质量损失计%）	<6	<8	<10
云母（按质量计%）	<1.0	<2.0	<2.0
含泥量（按质量计%）	<1.0	<2.0	<2.0
泥块含量（按质量%）	0	<1.0	<2.0
有机物含量	合格	合格	合格
硫化物及硫酸盐含量（按 SO_3 质量计）	<0.5	<0.5	<0.5
轻物质（按质量计%）	<1.0	<1.0	<1.0

7.3.4　水

一般的生活饮用水即可。

7.3.5　接缝材料

接缝材料要求坚韧而富有弹性，能阻止砂、石嵌入，自由伸张无阻，具有良好的封水性能。

能与板缝黏结牢固，避免水分渗入，耐晒、耐油、耐磨、耐酸碱。

缩缝和施工缝的灌缝材料一般常用沥青;胀缝材料一般常用浸蘸沥青的软木板、木纤维板或聚氯乙烯胶泥等。

7.3.6　水泥混凝土技术要求,见表1-7-6。

水泥混凝土技术要求　　表1-7-6

<table>
<tr><th>指　标</th><th>技术要求</th><th colspan="2">指　标</th><th>技术要求</th></tr>
<tr><td>设计弯拉强度(MPa)</td><td>4.0</td><td colspan="2">卵石混凝土最大单位用水量(kg/m³)</td><td>148</td></tr>
<tr><td>设计抗压强度(MPa)</td><td>29.7</td><td colspan="2">最大水灰比</td><td>0.50</td></tr>
<tr><td>拌和完成,出料时的坍落度(mm)</td><td>10~50</td><td rowspan="2">最小水泥用量(kg/m³)</td><td>42.5级</td><td>280</td></tr>
<tr><td>摊铺坍落度(mm)</td><td>0~30</td><td>32.5级</td><td>300</td></tr>
<tr><td>碎石混凝土最大单位用水量(kg/m³)</td><td>153</td><td colspan="2"></td><td></td></tr>
</table>

7.4　施工准备

7.4.1　试验室确定混凝土的配合比

水泥混凝土必须进行试验配合比设计,在施工中必须按设计的配合比施工。

7.4.2　测量放线

根据已放出的中心线及路面边线,放出路面板的分块线。支立模板后,应把分块板线标至模板顶面,其位置应设明显的标记或刻线。

7.4.3　选择适当的搅拌场地安装搅拌设施

搅拌地点的选择应根据施工路线的长短和所采用的运输设备决定。用手推车作混凝土运输工具时,一个搅拌点的供应路线长度应在0.3km之内,当用小型(1t)自卸车时,其供应路线长度应在0.8~2.0km之内。当用自卸汽车运输时,应考虑运输时间不超过30min为宜。

搅拌现场周围主要是搅拌机工作范围,应开挖明沟,埋设临时出水管道等排水设施。要选择利于安全的位置及高度安装照明设备、线路及器具。

7.4.4　检查、整修路基和基层

路基和基层应满足相关规范要求。

7.5　施工工艺

水泥混凝土路面面层小型机具施工工艺流程:模板安装——→混凝土拌和——→混凝土运送——→混凝土的现场摊铺——→混凝土的捣实——→整平——→饰面——→抗滑构造施工——→混凝土路面的养生——→拆除模板——→培路肩——→接缝设置——→填缝——→开放交通。

7.5.1 模板安装

模板应采用钢模板，钢模板根据路面设计厚度在工厂加工，一般用普通槽钢制作，也可用3mm 钢板与4cm 角钢（边长 40mm ×60mm）组成，尺寸一般为长 3m，高与混凝土板厚相一致。模板应经常检查，弯曲、变形的模板不能使用，模板的高度应与混凝土板厚度相同。安装好的模板应稳定、顺直，保证路面宽度，不得前后错位和高低不平。模板下方空隙处应用混凝土混合料填塞，防止漏浆。立好的模板应保证在施工中不得跑模、漏浆，模板与混凝土接触的表面应涂上隔离剂。

7.5.2 水泥混凝土的拌和与运输

在通过计算确定配合比的基础上，应进行试拌，并根据拌和设备的拌和容量计算每斗混合料的材料数量。每天开工前，应实测砂石的含水率，修正加水量，拌和时将水泥、碎石、黄砂投入拌和机料斗中，边加水边搅拌，搅拌时间控制在 60 ~120s。搅拌好的混合料出料至运输车辆时应测定其坍落度，范围宜在 10 ~40mm 之间。

1）混凝土拌和

根据试验室提供的配合比（假设水泥∶碎石∶砂∶水 =1∶A∶B∶C），计算每盘混凝土的材料用量，挂牌标明。

水泥用量一般以整袋数计，如果每盘混凝土的水泥用量为 n，碎石含水率为 $w_{碎}$，砂含水率为 $w_{砂}$，则：

每盘混凝土碎石用量为：$50nA/(1-w_{碎})$（kg）；

每盘混凝土砂用量为：$50nB/(1-w_{砂})$（kg）；

每盘混凝土水用量为：$50nC-50nAw_{碎}-50nBw_{砂}$（kg）。

每盘混合料拌和时应用磅秤称取上述计算的碎石用量和砂用量，或者用磅秤标定碎石和砂在运送设备（一般用架子车）中的装料高度，并做出标记；当采用自动给水的搅拌设备时，根据上述计算水的用量，标定给水时间；当采用人工加水时，标定所需的加水桶数及最后一桶水在桶中的高度，并做出标记。

2）混凝土运输

混凝土的运输应根据施工进度、运量、运距及路况，选配车型和车辆总数。通常可采用自卸汽车、机动翻斗车或手扶拖拉机。

3）混凝土拌和物的运输、铺筑

混凝土拌和物运输、铺筑的完成时间应不超过表 1-7-7 的要求。

小型机具施工时混凝土拌和物铺筑完毕允许最长时间 表 1-7-7

施工时气温（℃）	5 ~9	10 ~19	20 ~29	30 ~35
铺筑完毕允许最长时间（h）	2.0	1.5	1.25	1.0

7.5.3 水泥混凝土的面层铺筑

摊铺前，基层表面应洒水湿润。水泥混凝土路面铺筑的工艺流程大致为：放样——立模──→清扫──→布料──→人工整平──→振动棒振捣──→平板振动器振实──→振动梁振平──→滚筒提浆──→人工抹平──→压纹或拉毛──→覆盖洒水养生──→拆除模板──→切缝──→填缝。

(1)摊铺前的准备。基层顶面浮尘必须清扫干净,并洒水润湿,检查模板的位置、高度,是否已涂刷合格的润滑剂、是否支撑牢固。

(2)现场摊铺。农村公路水泥混凝土一般采取人工摊铺,摊铺应用铁锹反扣,严禁抛掷和耧耙。坍落度宜控制在5~20mm之间,拌和物松铺系数宜控制在1.10~1.25之间,料偏干时,取较低值;反之,取较高值。

(3)安装拉杆、传力杆及其他钢筋。在设拉杆、传力杆的部位,先摊铺下半部分混凝土,再布置拉杆、传力杆或其他钢筋,最后摊铺上半部分混凝土。

7.5.4　混凝土的捣实

混合料摊铺后,先用振捣棒振捣,振捣棒插入的角度以30°~45°为宜,每次振捣时间不宜少于30s,以拌和物停止下沉、表面不再冒气泡和泛出的水泥浆为准,振捣棒应轻插慢提,不得猛插快拔,严禁在拌和物中推行和拖拉振捣棒振捣,并避免碰撞模板。

插入式振捣棒振捣后,再用平板式振动器拖振。振捣位置应重叠10~20cm,振动板在每一位置的振动时间以振动板底部和边缘泛浆厚度3~5mm为限,并不宜少于15s。振捣过程中,应随时对缺料的部位进行人工找平。混凝土全面振捣后,再用振动梁拖振初平,振动梁两端搁在模板顶端纵向拖振,前进速度为1~1.5m/min。

7.5.5　整平

振捣结束后,用滚杠沿纵向反复滚动提浆。用木抹子多次抹面至表面无泌水为止,再用铁锹抹2~3遍压光。两次抹面的间隔时间见表1-7-8。

两次抹面的间隔时间　　表1-7-8

施工温度(℃)	0	10	20	30
间隔时间(min)	35~45	30~35	15~25	10~15

7.5.6　抗滑构造施工

拉槽刷毛工作应在抹平后的板面上无波纹水迹时进行(一般在初凝前进行),以使板面有一定的粗糙度。拉槽刷毛可用钢丝刷、塑料刷、压毛辊沿横坡方向进行,压出深0.1~0.3cm的纹理,以保证行车安全。拉槽刷毛的纹理切忌纵向。

7.5.7　水泥混凝土路面的养生

为使水泥混凝土路面在得到足够的强度前不过分收缩,应在一定的温度和湿度下对路面进行养生。一般采用覆盖养生法,即用厚度为2~5cm的砂、锯末、谷糠、麻袋、草帘、保湿膜、土工布等盖于板面上,保持混凝土表面始终处于潮湿状态。

养生时间一般为 14 ~21d,温度高时不少于 14d,温度低时不宜少于 21d。前 7d 混凝土强度增长最快,应特别注意加强养生。严禁出现混凝土路面发白的情况。养生期间和填缝前严禁车辆和行人通行,3d 后方可准许行人通行。

7.5.8　拆除模板

当混凝土路面的强度达到设计强度的 25% 或达到 8MPa 以上时,即可拆除模板。拆除模板用力不要过猛过急,拆模不应敲击和损伤路面,其顺序应先起下后模板支撑和铁钎,后拆模板。拆下的模板应有序堆放,不得压在刚拆完模的路面上。混凝土成型后拆模的参考时间见表 1-7-9。

混凝土成型后拆模的时间　　表 1-7-9

昼夜平均温度(℃)	5	10	15	20	25	30
拆模时间(h)	72	48	36	30	24	18

7.5.9　培路肩

拆除模板后,应及时培路肩并压实。应注意,路肩横坡应大于路面的横坡,严禁路肩土污染路面。

7.5.10　接缝设置

当混凝土强度达到设计强度的 25% ~30% 时应切缝。切缝不应有错位弯曲现象,一般按等距设置,间距最大不宜大于 6m,最小不宜小于板宽。影响混凝土切缝时间的有温度、湿度、风速、路面厚度等因素,宜早不宜迟。

1)接缝构造

伸缝,又称胀缝,其作用能使板体在温度变化时自由伸张。横向伸缝宽度 2 ~2.5cm,高温施工时采用低限,反之采用高限。

缩缝,缝宽为 0.3 ~0.8cm,切缝法施工时为 0.3 ~0.5cm,压缝法施工时为 0.8cm。

施工缝,施工缝是因中断混凝土浇筑(0.5h 以上)而设置的,其位置宜设在缩缝处。

2)接缝设置

纵缝,混凝土板的纵缝必须与路中线平行。纵缝一般分为纵向缩缝(不透底)和纵向施工缝(属透底缝)。纵向缩缝和施工缝构造如图 1-7-5 所示。拉杆应使用螺纹钢,长度 70cm,最大间距 90cm,直径 1.4cm。

横缝,横缝一般分为横向缩缝、胀缝和横向施工缝。横向缩缝一般采用假缝。横向胀缝应采用滑动传力杆,并设支架予以固定,带套的杆端在相邻板交错布置,与构筑物衔接处或与其他公路交叉的胀缝无法设传力杆时,可采用边缘钢筋型或厚边型。

胀缝构造如图 1-7-6 所示。

横向施工缝(透底缝)是因中断混凝土浇筑(0.5h 以上)而设置的,其位置宜设在缩缝处。

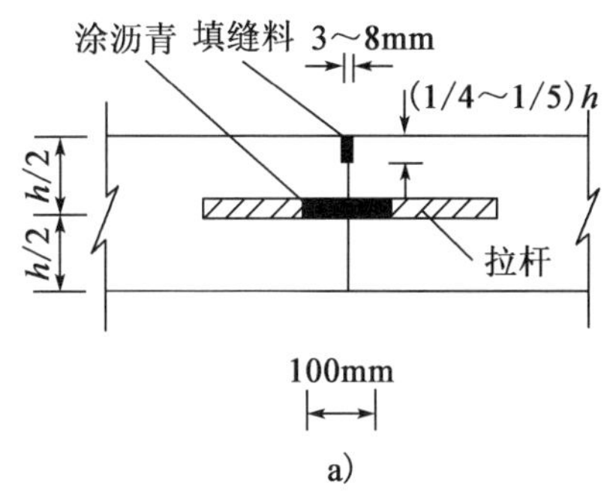

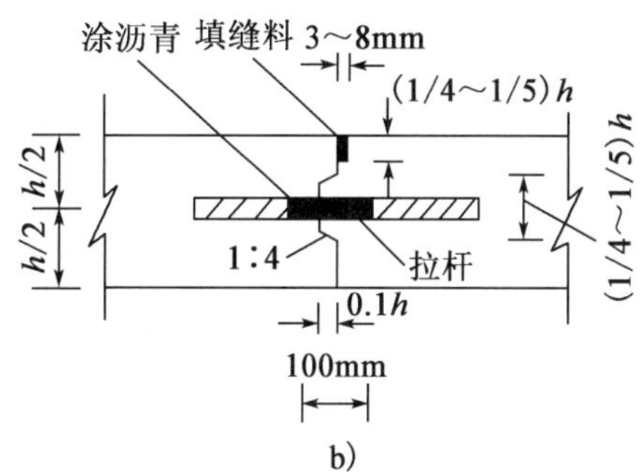

图 1-7-5　纵向缩缝和施工缝构造

a)平缝加拉杆型;b)企口缝加拉杆型

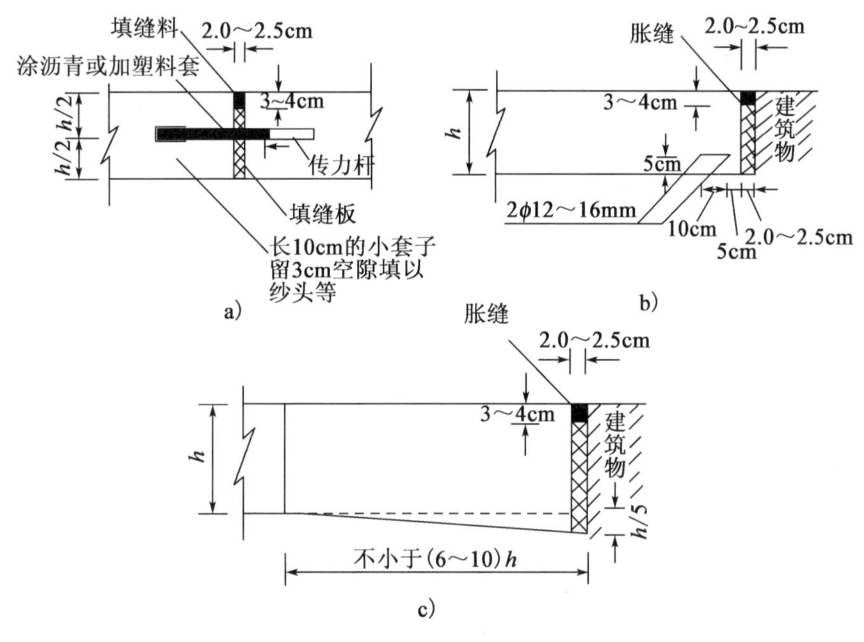

图 1-7-6　胀缝构造

a)传力杆(滑动)型;b)边缘钢筋型;c)厚边型

传力杆应采用光圆钢筋,并涂上沥青,如图 1-7-7 所示。传力杆尺寸及间距见表 1-7-2。

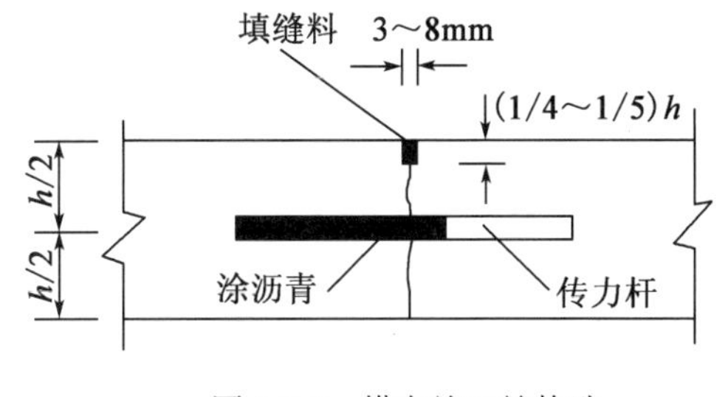

图 1-7-7　横向施工缝构造

3)接缝施工

常用缩缝的施工方法有两种:切缝法和压缝法。

(1)切缝法。横向缩缝应尽量用切缝机切缝,在混凝土板整块浇捣(两伸缝间)后,经过几天养生,使混凝土达到一定强度时,按缩缝位置进行切割。可参考表 1-7-10 进行试锯确定切缝时间。切缝过晚,混凝土强度高,切割速度慢,砂轮磨损率高;切缝过早,混凝土强度低,虽然切割较易,但质量不好,切缝深度一般为 1/4 ~ 1/3 板厚。

切缝时间建议值　　表 1-7-10

昼夜平均温度(℃)	5	10	15	20	25	30
切缝时间(h)	45 ~ 50	30 ~ 45	22 ~ 26	18 ~ 21	15 ~ 18	13 ~ 15

(2)压缝法。在使用切缝机切缝有困难的情况下,也可使用预先安装压缝板的方法。压缝板通常用扁铁片或木板条制成,厚 0.8 ~ 1cm、高 4 ~ 6cm,长与混凝土板宽相同。其操作方法为在经过捣实后的混凝土缩缝处先用湿切缝工具切出一条缝,然后将压缝板压入。压缝板如图 1-7-8 所示。

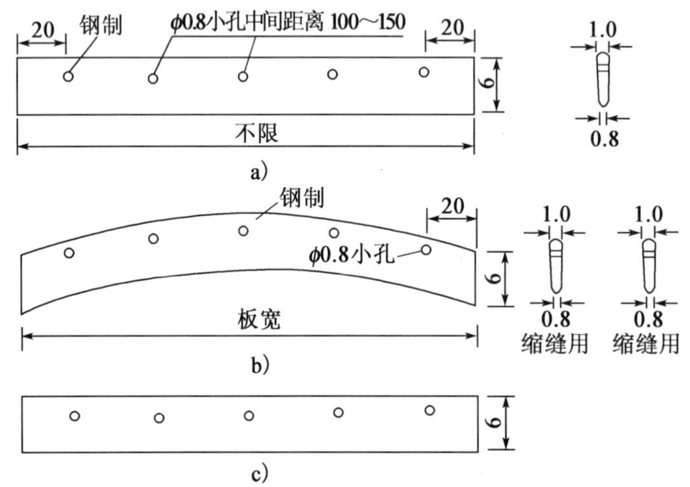

图 1-7-8　压缝板构造示意图(尺寸单位:cm)

a)纵缝用;b)中心板胀缩缝用;c)边板胀缩缝用

木质伸缩缝嵌缝板在使用时应先浸水泡透。不论木质或铁质嵌缝板在使用时,均需涂上润滑剂,然后正确安放,待混凝土振捣完后应先提一下,然后在混凝土终凝前取出。注意在取出时两侧用木条压住,轻轻地往上提。

如因雨天或其他原因,当天不能施工到胀缝处时,也应尽量施工至横向缩缝处。

(3)胀缝的施工方法

胀缝处嵌缝板的设置比较简单,可用木制嵌缝板。设置时用木桩或道钉将嵌缝板两侧固定,木桩或道钉待混凝土铺筑后即可取出,如果使用道钉,道钉也可埋在混凝土中。嵌缝条长度等于路面宽度,厚度等于胀缝宽度,高度等于路面厚度。为便于施工完成后拔出嵌缝条,亦可在嵌缝条两侧各贴一层油毛毡,待混凝土凝固后,拔出木嵌缝板,油毛毡留在缝内,然后填缝。为减少填缝工作,也可采用预制嵌缝板的方法,即将沥青玛蹄脂与软木屑混合起来,压制成板,胀缝处先用与路拱一致的模板支撑着,捣实混凝土后,取掉模扳,填上预制嵌缝板,然后摊铺另一侧混凝土,这样就不需再做填缝工作。

当胀缝需设传力杆时,可采用整体式嵌缝板。它用软木做成,中下部预留穿放传力杆的圆孔。混凝土浇筑完成后留在缝内不再拔出,也有用两截式嵌缝板的情况,如图 1-7-9 所示。其下截占总高的 2/3,下截用软木制成,在混凝土浇捣后不再取出。上截嵌缝板也叫压缝板,其高为总高的 1/3 或为 6cm,用钢材或木材制成,在混凝土浇捣后取出,然后填缝。

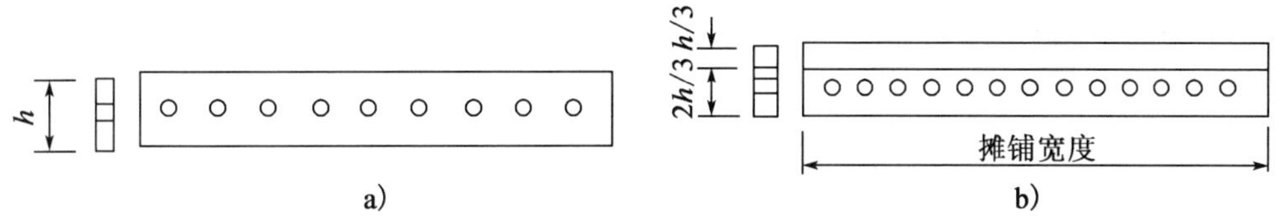

图1-7-9　胀缝嵌缝板

a）整体式嵌缝板；b）两截式嵌缝板

7.5.11　填缝

为确保填缝的施工效率和质量，填缝一般应在混凝土初凝后进行。填缝前必须把缝内的砂和小石清除，吹净尘土、杂物及水分，如有水泥块必须凿去。露出缝底，伸缩缝贯通且见底见缝板。填缝时缝内应清洁、干燥，反之要处理后才能填缝。

填缝时应注意，填缝料在缝内要充实、嵌紧，其充满程度可视季节而异。一般是夏凸（高0.2～0.3cm）、冬凹（圆弧形比路面低0.2～0.3cm）、春秋与路面平，以不溢为原则。

7.5.12　开放交通

水泥混凝土路面养生28d后，先将缝内杂物清除干净，灌缝完毕，即可开放交通。

7.6　质量控制

7.6.1　外观控制标准

（1）混凝土板的断裂块数不得超过0.4%，对于断裂板应采取适当措施予以处理。

（2）混凝土板表面脱皮、印痕、裂纹、石子外露和缺边掉角等病害现象不得超过0.3%。

（3）路面侧石直顺，曲线圆滑，路面应平整不积水。

（4）接缝填筑饱满密实。

（5）胀缝没有明显缺陷。

7.6.2　质量检验标准

水泥混凝土路面施工过程中质量控制的关键可以概括为材料要净、水泥量要足、拌和要糊、厚度要测、振捣要实、路拱要够、成型时间要短、养生要勤。

材料要净：含泥量少，是水泥混凝土的最基本要求。

拌和要糊：拌和的混合料要均匀，呈糊状，坍落度要符合相关规定，保证混凝土的施工和易性。

振捣要实、成型要快：振捣密实，及时成型是对混凝土摊铺施工的基本要求。

养生要勤：混凝土路面最终质量的好坏与养生有密切关系，必须勤洒水养生，并保证养生时间。水泥混凝土路面施工过程中质量检验标准见表1-7-11。

水泥混凝土路面施工过程中质量检验标准　　表 1-7-11

项次	检 查 项 目	规定值或允许偏差	检查方法和频率
1	配合比(特别是水泥用量)	满足设计配合比要求	随时数水泥袋数
2	坍落度	符合试验规则要求	目测异常时检查,不少于每 500m 或每工日一组
3	弯拉强度(MPa)	4.0～5.0MPa	每 500m 或每工作日一组
4	抗压强度 (MPa)	符合试验规则要求	每 500m 或每工作日一组
5	板厚度(mm)	-5	施工过程中随时用钢尺插入测量,或竣工后每 200m 每车道 2 处钻芯
6	平整度(最大间隙,mm)	5.0	3m 直尺,半幅车道板带每 $200m^2$ 处 10 尺
7	相邻板高差(mm)	3	尺量,每条胀缝 2 点,每 200m 量测一次
8	纵、横缝顺直度(mm)	10	纵缝 20m 拉线,横缝沿板宽拉线,每 200m 4 条
9	路面宽度(mm)	±20	尺量,每 200m 测 4 处
10	横坡(%)	±0.25	尺量,每 200m 测 4 断面

7.6.3　简单质量检验方法

路面质量检查还可以用看、敲、听的办法进行,可归结为“湿、哑、裂、软”四个字。

(1)“湿”指在雨后初晴时立即观察已建成的混凝土路面,质量好的,其表面会潮湿或返潮。

(2)“哑”指用小铁锤敲击混凝土表面听声音,发出清晰而响亮的“当当”声,表示混凝土质量好,当用锤敲击时发出秃哑声,表示质量不好。

(3)“裂”指用铁锤敲击后,检查混凝土表面,若质量较差仔细观察可发现路面敲击处周围有发丝般的裂缝。

(4)“软”指质量差的路面表面较软。

下篇　路面工程养护技术

第1章　总则

1.1　目的

为加强山东省农村公路建设与养护的技术指导，确保建设质量，提高投资效益，根据公路工程相关技术规范，结合山东省农村公路建设实际，制定本指南。

1.2　适用范围

本指南适用于山东省县道、乡道、村道等各级农村公路路面养护工程。

1.3　编制依据

(1)《公路养护技术规范》(JTG H10—2009)。
(2)《公路水泥混凝土路面养护技术规范》(JTJ 073.1—2001)。
(3)《公路沥青路面养护技术规范》(JTJ 073.2—2001)。
(4)《公路技术状况评定标准》(JTG H20—2007)。
(5)《公路养护安全作业规程》(JTG H30—2004)。

1.4　总体要求

(1)路面工程应根据合同及设计文件、施工现场所处的气候、水文、地形等环境条件，选择满足质量指标要求、性能稳定的原材料，确定配合比、设备种类和施工工艺，进行详细的施工组织设计，建立完备的施工质量保障体系。

(2)路面养护应贯彻预防为主、防治结合的方针，加强预防性养护，保持公路及其沿线设施良好的技术状况。

(3)路面养护工作应重视资源节约和环境保护，并注重生产作业安全及减少对通行车辆的影响。

(4)路面养护工程应积极采用新技术、新材料、新工艺，应根据当地的自然环境条件和筑路材料特点以及具体的交通量大小，制订施工方案。路面养护所用新材料应通过室内试验验证再使用。

(5)路面养护工作除遵守本指南规定外,尚应符合国家其他现行有关标准、规范的规定。

第2章 术语

2.0.1 拱起

水泥混凝土路面在气温升高时，因胀缝不能充分发挥作用，造成板体向上隆起的现象。

2.0.2 网裂

表层出现的纵横交错呈网状的裂纹。

2.0.3 角隅断裂

从板角到斜向裂缝两端的距离小于边长一半，裂缝面竖直并贯穿整个板厚。

2.0.4 错台

接缝或裂缝处相邻面板的垂直高差。

2.0.5 坑洞

路面板粗集料脱落形成局部坑槽。

2.0.6 唧泥

由于路面排水不良引起基层材料产生液化，在行车荷载的重复作用下，引起板体上下运动而产生抽吸作用，使路面下稀释的泥浆或细集料从接缝或裂缝处挤出的现象。

2.0.7 露骨

在行车荷载作用下，路面被严重磨损而形成骨料裸露的现象。

2.0.8 翻修

对损坏的路面，经挖除、处理后重新修筑的作业。

2.0.9 罩面

为改善路面使用质量，提高路面的防水、抗滑能力和平整度，在原有路面上加铺水泥混凝土或沥青混凝土面层的措施。

第3章　路面养护工程分类

公路的养护按其工程性质、规模大小、技术难易程度划分为小修保养、中修、大修和改善四类。各类养护工程分别包括下列内容。

小修保养工程：对管养范围内的公路及其工程设施进行预防性保养和修补其轻微损坏部分，使之经常保持完好状态。它通常是由养护工区（站）在年度小修保养定额经费内，按月（旬）安排计划，经常进行的工作。主要包括路面灌缝、修补坑槽、刷油封层、处理其他小面积病害、整路段的路基整修以及其他设施的小修维护等。

中修工程：对管养范围内的公路及其工程设施的一般性磨损和局部损坏进行定期的修理加固，以恢复原状的小型工程项目。它通常是由基层公路管理机构按年（季）安排计划并组织实施的工作。主要包括路面大面积刷油封层、沥青碎石封层、沥青混合料罩面、水泥路面集中清缝灌缝、水泥路面集中挖补换板以及长路段路基整修等。

大修工程：对管养范围内的公路及其工程设施的较大损坏进行周期性的综合修理，以全面恢复到原设计标准，或在原技术等级范围内进行局部改善和个别增建，以逐步提高公路通行能力的工程项目。它通常是由基层公路管理机构或在其上级机构的帮助下，根据批准的年度计划和工程预算来组织实施的工作。主要包括沥青路面翻修和水泥路面翻修。

改善工程：对公路及其工程设施因不适应交通量和载货需要而分期逐段提高技术等级，或通过改善能显著提高其通行能力的较大工程项目。它通常是由省级公路管理机构或地（市）级公路管理机构根据批准的计划和设计预算来组织实施或招标完成的工作。

各地根据公路技术状况评定结果，科学制订公路养护计划，及时开展公路养护工作。公路技术状况评定指标与评定方法参见《公路技术状况评定标准》（JTG H20—2007）。

第4章　沥青路面养护

4.1　沥青路面基本养护工作

4.1.1　沥青路面日常养护

加强路况巡查，及时发现病害，研究分析病害产生的原因，并有针对性地及时对病害处进行维修处理。沥青路面日常养护具体工作包括：巡查道路，登记病害；保洁路面，清除杂物；整理路肩，维修边坡；清理边沟，疏通涵洞；排除积水，修复冲沟；看管设施，维护路树；报告水毁，积极抢修；配合施工，疏导交通；劝阻违章，举报事案；依法宣传，保护公路。

4.1.2　沥青路面季节性养护

沥青路面对气温比较敏感，应根据各地不同季节的气候特点、水和温度变化规律，按照“预防为主、防治结合”的原则，结合本地区成功经验，针对不同季节病害根源，因地制宜，采取有效的技术措施，做好预防性、季节性养护工作。

(1)春季：春季气温较暖，路基内的水分开始转移，是各种病害集中暴露的季节。养护中应抓住时机，及时防止路面病害。

①路基含水率较大的路段，随着解冻、路基强度减弱，在行车作用下面层容易出现裂缝病害；含水率已达饱和、强度和稳定性差的路段，经车辆碾压容易出现翻浆。

②施工质量差的路面，在气温回升时沥青路面强度容易降低，集料经碾压产生松动，沥青层不稳定，容易出现油包、波浪等。

③秋末冬初低温施工路段，随着温度的上升，容易出现泛油。

④春融季节路面出现网裂后，如不及时处理，容易发展为坑槽。

应做好沥青路面裂缝的填封，并及时快速修补坑槽，处理翻浆、波浪、泛油等病害。

(2)夏季：夏季气候炎热，地面水分蒸发快，是沥青路面各种病害全面发展的季节。养护中要充分利用夏季气温高、操作方便的条件，及时消除病害。

①新铺的沥青路面在高温作用下容易出现泛油。

②基层含水率较大或质量差的路段，在行车作用下，容易使路面强度降低产生车辙。

③沥青用量过多，集料过细或沥青黏度低的沥青路面容易出现拥包、波浪、车辙等病害。

夏季是养护工程施工的有利季节，应处治好沥青路面的泛油、拥包、波浪、车辙等病害，及时修复冬寒、春雨期临时修补的破损，提高路面使用质量。

(3)秋季:气温逐渐降低,雨水较多,应及时处理病害,为冬季沥青路面的正常使用打下基础。

①秋季雨水较多,容易积水的路面,如果有裂缝和基层不密实的情况,易出现坑槽。

②强度不够的路肩受雨水侵蚀或积水影响,在行车碾压下,易产生啃边。

③基层含水率较大、强度不够,或地基受水泡强度降低的路段,路面稳定性受到影响,在行车碾压下易出现网裂。

沥青路面维修必须密切注意天气预报,抓紧完成养护工程年度计划项目,及时处治已发生的各种沥青路面病害。

(4)冬季:气候寒冷,路基路面冻结,是沥青路面性能比较稳定的季节,但是也要注意沥青路面的养护。

①路面在低温下发生不同方向的收缩,容易产生横向、纵向裂缝。

②积雪地区做好除雪防滑工作。

4.2　沥青路面常见病害及处治方法

4.2.1　裂缝

裂缝的填封是一种经常遇到的沥青路面养护作业。裂缝在每年3月初至3月中旬,在路面即将解冻前明显扩大,此时段是修补裂缝的最佳时机。这样可防止由于冻融积水的渗入,使路面基层承载力下降,产生塑性变形,导致路面的破坏。

正确的填封工艺对填封的寿命有着很大影响。影响寿命的工艺因素主要有:施工气温是否合适;裂缝是否作清洁、干燥处理。裂缝填封的方法很多,一般根据裂缝宽度和深度确定修补工艺。

1)轻微裂缝的处治

在高温季节全部或大部分可愈合的轻微裂缝,可不加处理;在高温季节不能愈合的轻微裂缝,可采用下列方法处治:

(1)将有裂缝的路段清扫干净并均匀喷洒少量沥青(在低温、潮湿季节宜喷洒乳化沥青),再均匀地撒一层2~5mm的干燥洁净石屑或粗砂,最后用轻型压路机碾压。

(2)沿裂缝涂刷少量稠度较低的沥青。

2)对于路面基层温缩、干缩引起的纵向或横向的裂缝的处治

(1)缝宽在5mm以内的,此类微小裂缝由于尚未发生结构性损坏,通常不对裂缝作更多的处理,只是在表面上作贴缝式封面,目的是防止雨水、冰雪向下渗入而继续扩大裂缝,属于预防性养护的范畴。

①首先用5MPa左右的气压气泵对着裂缝处从一端开始,慢慢吹至另一端,直至缝内无杂物及尘土为止,并清扫干净。

②用扁嘴壶从一端将稠度较低的热沥青或乳化沥青灌入缝内,直至全部裂缝灌满为止,如图2-4-1所示。

③将干净石屑或砂撒到缝中,并捣实。

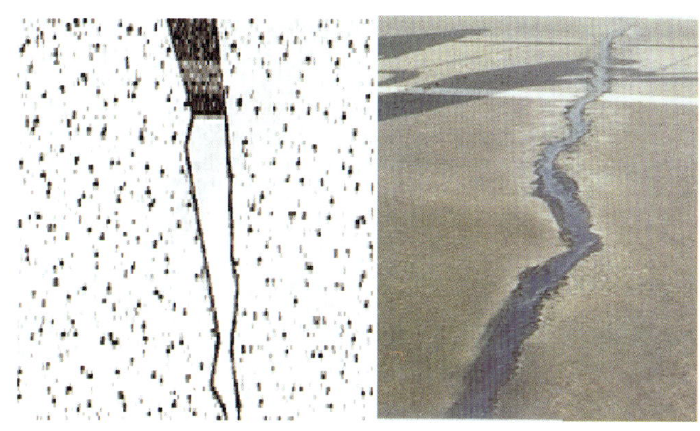

图2-4-1 灌缝示意图

④将溢出缝外的沥青及石屑、砂清除。

⑤开放交通。

(2)缝宽在5mm以上的,可采用密封胶填封裂缝。

①密封胶修补裂缝机理

密封胶属于聚合物改性沥青材料,外观为固体状,其在低温下有高弹性和延展性,高温下有低黏性。加热到193℃时,密封胶黏度变得很低,灌入裂缝后,很快就渗透到裂缝两侧的沥青混合料中并融合到一起。密封胶冷却后,常温和低温下的高弹性可随裂缝的胀缩而发生弹性变形,始终保持密封作用,这样就能长期、有效地封闭沥青路面的裂缝。

先进的裂缝填封工艺通常是由开槽、热空气清理和干燥、压力灌入填封材料、撒砂封边等工序组成。

②裂缝填封工艺

a.裂缝填封前的准备工作

(a)开槽机。如图2-4-2所示,具有体积小、操作灵活、沿任何形状的裂缝开槽、切缝宽度可调整的特性。

(b)灌缝机。如图2-4-3所示,具有双层保温、导热油加热,加热温度自动控制、密封胶输送恒温并可吸回管内剩余材料、加热灌内设匀速搅拌装置等优点。

图2-4-2 开槽机

图2-4-3 灌缝机

(c)清缝设备。高压气体喷射设备(吹风机)、小型手持清缝机等,具有使用灵活方便等优点。

以上机械设备在灌缝前应进行全面检查,确保其技术状况良好。

(d)灌缝材料。向灌缝机上的密封胶加热灌内添加密封胶,并将密封胶边搅拌,边加热至193℃,不能超过204℃。

(e)填封方式。根据路面裂缝的具体情况,确定裂缝填封的方式。图2-4-4所示为4种裂缝填封的方式,其中方槽贴缝和浅槽无贴缝的效果最好,效果最差的是无槽贴缝式和浅槽贴缝式。

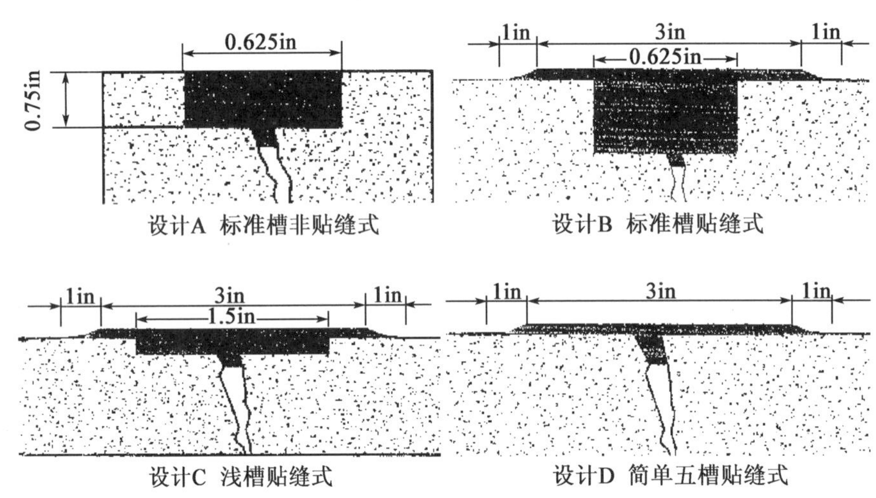

图2-4-4　裂缝封闭处理设计方案(1in=2.54cm)

b. 封闭交通

按照规定摆放安全标志,设专人指挥交通,并根据工程进度随时移动标志牌,如图2-4-5所示。

c. 开槽作业

按照设计的开槽尺寸,预先调节好开槽机开槽深度,然后进行开槽作业。作业时,根据裂缝宽度种类情况,及时调节开槽尺寸,满足最低设计要求。

d. 清槽作业

开槽后,用高压气体喷射设备(吹风机)清出缝内的碎石和粉末等杂物,然后用钢丝刷沿凹槽刷出干净的表面,吹风机必须对裂缝周边和裂缝槽至少进行2遍高压喷气清理。第一遍清除裂缝内杂物时,喷气嘴应在距离裂缝不大于5cm的位置,第二遍距离可以较远些,以便清除裂缝和裂缝周边的所有松散颗粒和杂物。

e. 灌缝前预热

若在气温低于4℃时补缝,灌缝机须配有预热设备对开槽部位进行预热。若在此温度下不预热就进行补缝,会降低密封胶的黏结力;如果在气温高于4℃时补缝,可不进行预热,一般预热后的补缝效果要好。

f. 灌缝作业

在密封胶加热温度达到193℃时,加热炉盘自动停止加温进入保温状态,这时用灌缝机自带的具有刮平装置的压力喷头将封缝胶均匀灌入槽内。灌缝分二次灌满，第一次灌入槽深的4/5，第二次灌满并在槽口两侧拉成宽60mm，厚3mm的填封层。如图2-4-6所示。

图2-4-5　封闭交通图

图2-4-6　灌缝作业

g. 养护撒料

在刚灌满的密封胶表面撒布石粉或细砂，待灌缝胶冷却至常温后即可开放交通，一般冷却时间为15min。

h. 外观质量验收标准

(a)密封胶高于路表面2～3mm；

(b)密封胶填封层边缘整齐，表面平整；

(c)灌缝充分饱满，表面平整，无颗粒状胶粒；

(d)灌缝胶经行车碾压后不得发生脱落变形，保持有足够的弹性。

3)因沥青性能不好或路面设计使用年限较长、油层老化等原因(当基层强度尚好)出现的大面积裂缝(包括网裂)的处治，通过技术经济比较，可选用下列处治方法：

(1)乳化沥青稀浆封层，封层厚度宜为3～6mm。

(2)加铺沥青混合料上封层，或先铺设土工合成材料后，再在其上加铺沥青混合料上封层。

(3)微表处。

(4)单层沥青表面处治。

4)由于土基、基层强度不足或路基翻浆等引起的严重龟裂，应先处治好基层后再重作面层。

4.2.2　坑槽

(1)根据路面坑槽的大小、坑槽的深度等，采取不同的技术措施，其修补工艺为：

①设置施工安全标志：在作业现场按照《公路养护安全作业规程》设置齐全醒目的施工安全标志。

小修工程规模小、地点移动变化快，可用隔离锥将施工作业区圈定(两侧锥形摆放)，作业区两侧100m、50m、10m处各设置“前方100米路面施工减速慢行”“前方50米路面施工减速慢行”“进入施工作业路段减速慢行”等字样的安全标志牌，并有专人指挥交通，

图 2-4-7　施工安全标志

如图 2-4-7 所示。

②施划轮廓线：按照“圆洞方补、斜洞正补”的原则，在路面上划出所需修补坑槽的轮廓线；轮廓线必须是与路中心线平行或垂直的线形组成的正方形或长方形，大小适中，如图 2-4-8 所示。

③开槽：沿轮廓线用铁镐人工刨挖，或用切割机沿轮廓线内侧 1cm 处顺线切直、开槽（沥青层最好分层开凿，呈阶梯形，上层开槽深度不超过 1.5cm），如图 2-4-9 所示。

图 2-4-8　施划轮廓线

图 2-4-9　开槽方法

开槽时，如基层损坏要深挖至槽底稳定部分（槽深最浅不小于 20cm），如图 2-4-10 所示。开槽的四个叉角在切割时不得过线，必要时用铁镐手工操作，四壁要垂直，槽内松动部分、槽壁、槽底必须清除干净（必要时用铁刷清理），无粉尘、杂物；挖出的旧面层材料及灰土分开置于坑槽一边，堆放整齐，等待运出场地。

图 2-4-10　开槽形式

④基层回填：开槽完毕后当天立即用二灰回填、夯实、养生。二灰回填要层铺层夯，如图 2-4-11 所示。由外及内分层压实，压实一般三遍（第一遍静压、第二遍振压、第三遍静压，由边缘向内重叠 1/3 轮依次碾压，压实厚度每层不超过 7cm，碾压三遍至无明显轮迹为止），注意边角压实度（可用人工夯实）。

图 2-4-11 基层回填

夯实后覆盖薄膜养生，上覆一层素土并压实，压实后与原路面平齐，养生时间不少于7天，如图 2-4-12 所示。

图 2-4-12 基层养生

二灰拌和时，要把石灰充分消解，根据基层配合比，将石灰、粉煤灰、碎石、石屑进行搅拌至调配均匀为止，装车运到施工工地。二灰级配可根据原路面级配标准执行，指导级配：水泥 6%，粉煤灰 12%，石灰 5%，碎石 77%。

⑤沥青层摊铺：首先清除养生土，用切割机将沥青层边缘切齐，使边缘整齐，并将沥青层边缘及二灰表面清扫干净，无尘土。然后刷边油、浇底油，要求整齐、均匀，如图 2-4-13 所示。

图 2-4-13 刷边油

将沥青混合料均匀摊铺到槽内找平，如图 2-4-14 所示。填补部分压实后应略高于原路面，高出量应根据坑槽深浅，集料粗细及压实程度而定。

新铺沥青混合料摊铺后碾压，碾压时仍按基层碾压方法进行，直到无轮迹印为止，如图 2-4-15所示。

如果坑槽较深（7cm 以上），应将沥青混合料分粗料、细料两次或三次摊铺和压实。

图 2-4-14　沥青混合料均匀摊铺

面层材料级配一般与原路面相同，指导级配为：沥青 5%，砂子 10%，石屑 30%，碎石 55%。

⑥现场清理：面层碾压完毕后，立即将现场清理干净，然后逆着交通流方向撤除施工作业区安全设施，恢复正常交通。

(2)热烘式坑槽修补

图 2-4-15　面层碾压

热烘式坑槽是指利用沥青路面热养护修补车自带的加热设备——红外线加热板，对坑槽的沥青面层进行加热，再视情况添加再生剂及新料，最后碾压成型。这是一种针对沥青面层小而浅的坑槽使用的热再生技术，与其他坑槽修补法相比根本的区别在于再生利用了原沥青碎石或沥青混凝土，并将修补面与原沥青面层的接缝由传统的冷接缝变成热接缝，提高了接缝的防水性能。

热烘式坑槽修补工艺为：

①清理坑槽

清扫坑槽内的杂物，清除槽壁和槽底面的松散粒料，用吹风机将坑槽内的杂物、灰尘吹净，积水用拖把吸干，以提高红外线的吸收效果。

②热烘路面

热烘面积应比坑槽实际面积向四周扩大 30cm 以上，将热养护修补车上加热板放下，距路表面 3～4cm，对路面持续加热 5～10min，具体时间根据气候及需加热路面厚度确定，最终将路面温度加热到 140℃ 以上，达到表面能用铁耙耙松即可，严禁长时间加热，以免沥青老化。

③表面耙松

移开加热板，用铁耙将加热软化的沥青路面耙松、耙匀，耙松的范围要在热烘范围内周边保留 3～10cm 的热烘带，同时耙松面应成矩形，在耙松过程中要剔除混合料中大粒径集料及烧焦老化的沥青混合料。

④添加新料

根据耙松沥青混合料的性能和数量，喷洒沥青再生剂，并添加一部分新的沥青混合料,若新料温度不足,可将新料摊在旧料上,用加热板对其再次加热,新旧料用推平板推匀,合理控制松铺系数,并达到合适的横坡度。

⑤碾压密实

用振动压路机碾压,先碾压边缘,再向中间推进,使修补面与周边已加热但未耙松的路面融为一体,压实度达到规范要求。

⑥撒布石粉

在修补表面均匀撒布一层石粉,以加速冷却修补面,并减小新旧路面的色差,增加其美观性。

(3)喷射式坑槽修补

它是利用自动坑槽修补车自带的鼓风机喷出的高强空气流实现坑槽内部的清洁,利用喷管喷射的沥青混合料直接填补坑槽,其修补工艺如图2-4-16所示。

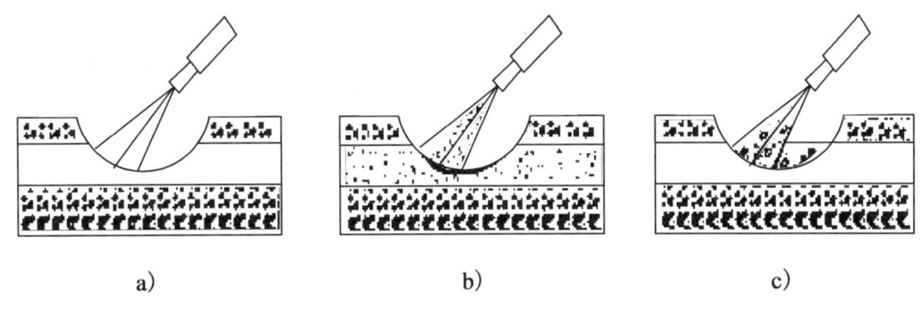

图2-4-16 喷射式坑槽修补示意图

a)高强空气清洁坑槽;b)喷洒黏层油;c)喷射热沥青混合料

①清洁坑槽

利用大容量的鼓风机喷出的高强空气流直接将坑槽内残留的松散粒料、杂物和积水吹出坑槽,形成洁净的坑槽维修面。

②喷洒黏层油

在坑槽底面和四周壁上喷洒乳化沥青或热沥青黏层油,要求喷洒均匀,不留空白,不过多流淌。

③喷洒沥青混合料

通过喷管将沥青混合料持续喷射到坑槽内,喷射时,从底面逐渐喷到表面,通过喷射压力实现混合料的压实。为了保证维修效果,沥青混合料采用的黏结料为乳化沥青,集料通常采用的是6.3~9.5mm的单一粒径的洁净碎石。

④喷洒石屑

在修补表面均匀喷洒一薄层石屑,可立即开放交通。

4.2.3 沉陷

(1)因路基不均匀沉降而引起的局部路面沉陷,若土基和基层已经密实稳定,不再继续下沉,可只修补面层,根据路面的破损状况分别采取下列处治措施。

①路面略有下沉,无破损或仅有少量轻微裂缝,可在沉陷处喷洒或涂刷黏层沥青,再用沥青混合料将沉陷部分填补,并压实平整。

②因路基沉陷导致路面破损严重，集料已松动、脱落形成坑槽的，如图2-4-17a）所示，应按照坑槽的维修方法予以处治。

（2）因土基或基层结构遭到破坏而引起路面沉陷，如图2-4-17b）所示，应先处治好基层后再重做面层。首先，应将面层和基层完全挖除。如土基中含有淤泥，还应将淤泥彻底清除，换填新料并夯实。在地下水位较高的潮湿路段，应采取措施引出地下水并在基层下面加铺一层水稳性好的材料，最后重做面层。

a)

b)

图2-4-17　路面沉陷图

（3）桥涵台背因填土不实出现不均匀沉降的，可视情况选择以下处理方法：

①挖除沥青面层，在沉陷的部分加铺基层后重做面层。

②对于台背填土密实度不够的，应重新做压实处理，台背死角处的压实宜采用夯实机械夯实。

③对含水率和孔隙比均较大的软基或含有有机物质的黏性土层，宜采取换土处理。换土深度应视软层厚度而定。换填材料首先应选择强度高、透水性好的材料，如碎石土、卵砾土、中粗砂及强度较高的工业废渣，且要求级配合理。

④采用注浆加固处理。

4.2.4　车辙

（1）车道表面因车辆行驶推移而产生的车辙，应将出现车辙的面层切削或铣刨清除，然后重铺沥青面层。

在一级公路上可采用沥青玛蹄脂碎石混合料（SMA）或SBS改性沥青混合料或聚乙烯改性沥青混合料来修补车辙。

图2-4-18　车辙处治

（2）路面受横向推挤形成的横向波形车辙，如果已经稳定，可将凸出的部分削除，在波谷部分喷洒或涂刷黏结沥青并填补沥青混合料，找平、压实。如图2-4-18所示。

（3）因面层与基层间有不稳定的夹层而形成的车辙，应将面层挖除，清除夹层后，重做面层。

(4)由于基层强度不足、水稳性能不好,使基层局部下沉而造成的车辙,应先处治基层,再做面层。其方法可参照沉陷第2条的规定进行。

4.2.5　拥包

拥包现象如图2-4-19所示。

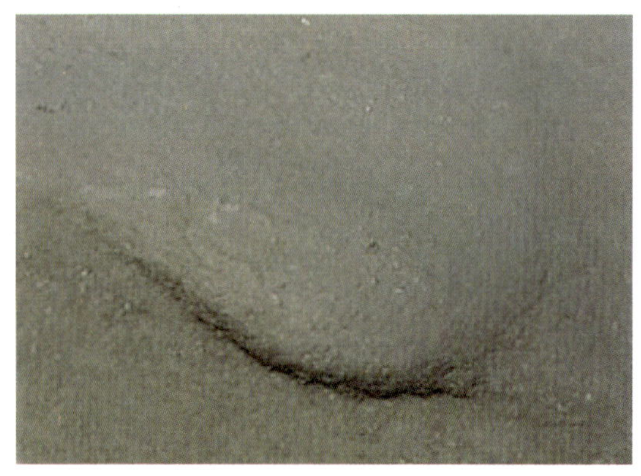

图2-4-19　沥青路面拥包

(1)由于施工时操作不慎将沥青漏洒在路面上形成的拥包,将其除去即可。

(2)对已趋于稳定的轻微拥包,应将拥包用机械刨削或人工挖除,并将路表处治平整。

(3)因面层沥青用量过多或细集料集中而产生的较严重拥包,或路面连续多次出现拥包且面积较大,但路面基层仍属稳定,则应用机械或人工将拥包全部除去,并低于路表面约10mm。扫除碎屑、杂物及粉尘后用热沥青混合料重做面层。

(4)因基层局部含水率过大,使面层与基层间结合不良而被推移变形造成的拥包,应把拥包连同面层挖除,将基层水分凉晒干,或用水稳定性较好的材料更换已变形的基层,再重做面层。

(5)因基层局部强度不足或水稳性不好,使基层松软而导致的拥包,应先处治基层,再做面层。其方法可参照沉陷第2条的规定进行。

4.2.6　麻面与松散

1)麻面

麻面现象如图2-4-20a)所示,应根据麻面的成因类型和严重程度分别加以处置。

(1)因嵌缝料散失出现轻微麻面,在沥青面层沥青含量适中时,可在高温季节撒适当的嵌缝料,并用扫帚扫匀,使嵌缝料填充到集料的空隙中。

(2)大面积麻面应喷洒稠度较高的沥青,并撒适当粒径的嵌缝料。应使麻面中部的嵌缝料稍厚,周围与原路面接口处要稍薄,定型要整齐,并碾压成型。

(3)因沥青用量偏少或因低气温施工造成的沥青面层松散,应采用以下方法处治:

①先将路面上已松动了的集料收集起来。

②待气温升至15℃以上时,按0.8~1.0kg/m^2 的用量喷洒沥青,均匀撒上3~6mm的石屑或粗砂(5~8m^3/1 000m^2)。

③用轻型压路机压实。

2）松散

松散现象如图 2-4-20b）所示。应根据松散的成因类型和严重程度分别加以处置。

a)

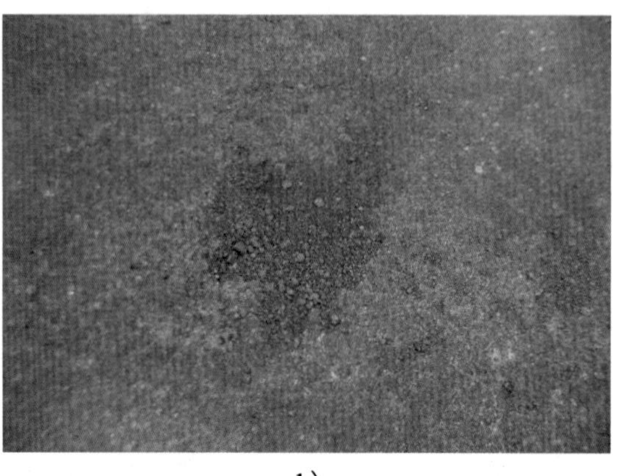
b)

图 2-4-20　沥青路面麻面与松散
a）麻面；b）松散

（1）对松散路面处理后，作稀浆封层。

（2）对于因沥青温度过高，沥青老化失去黏结性而造成的松散，应将松散部分全部挖除后，重作面层。

（3）因沥青与酸性石料间的黏附性不良而造成路面的松散，应将松散部分全部挖除后，重作面层。重作面层的集料不应再使用酸性石料。在缺乏碱性石料的地区，应在沥青中掺入抗剥离剂、增黏剂或使用干燥的生石灰、消石灰、水泥等表面活性物质作为填料的一部分，或采用石灰浆处理粗集料，以提高沥青与集料的黏附力，并增加混合料的水稳性。

（4）由于基层或土基松软变形而造成的路面松散，应参照拥包第 5 条的规定先处理基层或土基的病害后，再重做路面面层。

4.2.7　翻浆

（1）因路基冻胀使路面局部或大面积隆起影响行车时，应将冻胀的路面刨平，待冰冻融化后，将冻胀软弱部分挖除重做。

（2）因路基软化引起路面翻浆的路段，可把翻浆路段软土挖除，换填水稳定性好、强度高的材料，如砂砾等材料，也可用打石灰或水泥砂砾桩的方法。桩的深度和桩径、桩的间距可根据现场情况确定，桩的平面一般可采用梅花形布置，以改善路基强度，然后重做基层和面层。

（3）由于排水不良造成的翻浆，宜采取加深边沟降低地下水位或增设渗沟（盲沟）等排水措施。加深、加大翻浆路段的边沟，使边沟低于路基表面以下，并加大边沟纵坡，使边沟底面纵坡大于 3%。也可在翻浆路段的两侧路肩交错开挖宽 300 ~ 400mm 的横向盲沟，其设置间距为 5 ~ 10m。也可视翻浆路段的长度或排水状况确定盲沟设置间距。盲沟内回填砂砾、碎石等透水性好的材料。盲沟的出水口应高于边沟底部，防止边沟水倒灌。

(4)因基层水稳定性不良或含水率过大造成的翻浆，可适当控制交通，将松软部分挖松，晾晒到最佳含水率时重新压实，或者把原填筑料挖除，回填透水性好、强度高的材料；或者将原材料挖出晒干，重新掺加透水性好、强度高的材料，分层填筑。填筑厚度每层控制在15cm以下，控制压实度，然后重做面层。

(5)在低温季节施工的石灰稳定类基层，在石灰稳定层板体强度尚未形成时，雨水渗入基层易引起翻浆。应将松散的基层挖除，重做石灰稳定类基层，或用其他材料回填，重做面层。

4.2.8　啃边

(1)因路面边缘沥青面层破损而形成的啃边，应将破损的沥青面层挖除，在接茬处涂刷适量的黏结沥青，用沥青混合料进行填补，再整平压实。修补啃边后的路面边缘应与原路面边缘齐顺。

(2)因基层松软、沉陷而形成的啃边，应先对路面边缘基层局部加强后再恢复面层。

(3)应加强路肩的养护工作，保持路肩稳定；随时注意填补路肩上的车辙、坑洼或沟槽；经常保持路肩与路面衔接的平顺，并保持路肩应有的横坡，以利排水。

(4)为防止路面啃边，可采取下列措施：

①用砂石、碎砖(瓦)、工业废渣等改善，加固路肩或设硬路肩，使路肩平整、坚实。

②在路面边缘增设路缘石，或将路面基层加宽到其面层宽度外20~25cm处。

③在平交道口或曲线半径较小的路面内侧适当加宽路面。

4.3　罩面

沥青路面罩面按其使用功能可分为普通型罩面(简称罩面)、防水型罩面(简称封层)和抗滑层罩面(简称抗滑层)等。

4.3.1　普通型罩面(罩面)

(1)适用范围：主要适用于消除破损，完全或部分恢复原有路面平整度、改善路面性能的修复工作。

(2)材料要求

①结合料(沥青)：宜使用性能较好的黏稠道路石油沥青、乳化石油沥青、改性乳化沥青或改性沥青。

②集料(石料)：宜选择耐磨、强度高的石料。

③各级公路适用的沥青面层结构：

a. 一级公路宜采用中粒式、细粒式密级配沥青混凝土或沥青玛蹄脂结构；

b. 二级及其以下公路可采用热拌沥青碎石混合料结构；

c. 三级及以下公路可采用沥青表面处治层结构；

d. 所采用的结合料、矿料、沥青混合料的规格、各项技术指标要求符合《公路沥青路面施工技术规范》(JTG F40—2004)或其他有关规范的规定。

(3)厚度要求:罩面厚度应根据所在路段交通量、公路等级、路面状况、使用功能等综合考虑确定。

①当路面状况指数、行驶质量指数为中、良等级,路面仅有轻度网裂时,可采用较薄的罩面层厚度(1.0~3.0cm)。

②当路面破损、平整度、抗滑三项指标都在中等以下,要求恢复到优、良等级时,应采用较厚的罩面层厚度(3.0~5.0cm)。

③一级公路罩面采用4.0~5.0cm的厚度;其他公路可采用较薄的罩面层厚度(1.0~4.0cm)。

④各级公路的罩面层厚度不得小于最小施工层厚度。

4.3.2 防水型罩面(封层)

(1)适用范围:主要适用于提高原有路面的防水性能、平整度和抗滑性能的修复工作。

(2)材料要求:

①结合料(沥青):封层的结合料采用乳化石油沥青、改性乳化石油沥青。

②集料(石料):选用耐磨、强度高的石料。

③各种结合料、矿料、填料及乳化沥青混合料的各项技术指标要求符合《公路沥青路面施工技术规范》(JTG F40—2004)的规定。

④各级公路适用的沥青面层结构:

a. 一级公路可采用沥青稀浆封层养护,但宜用粗粒式改性乳化沥青混合料;

b. 其他等级公路可采用乳化沥青混合料。

(3)厚度要求:

①交通量较大、重型车较多的路段采用厚约1.0cm的封层。

②在中等交通量路段采用厚约0.7cm的封层。

③在交通量小、重型车少的路段采用厚约0.3cm的封层。

4.3.3 抗滑层罩面(抗滑层)

(1)适用范围:适用于提高路面抗滑能力的修复工作。

(2)材料要求:

①选用适合抗滑表层的材料和沥青混合料。

②结合料(沥青):一级公路选用重交通道路石油沥青、改性石油沥青、改性乳化石油沥青作为结合料。

③集料(石料):选用抗滑耐磨的石料,磨光值应大于42。

④所用的各种材料和沥青混合料的技术指标要求应按《公路沥青路面施工技术规范》(JTG F40—2004)中有关对抗滑表层方面的要求执行。

(3)厚度要求:

①用于一级公路时,厚度不小于4.0cm。

②二级公路用中粒、细粒式沥青混凝土结构,也可采用热拌沥青碎石或沥青表面处治层结构,厚度不得小于最小施工层厚度。

③三、四级公路可采用乳化沥青封层结构,厚度可为0.5~1.0cm。

4.3.4　罩面施工

(1)沥青路面罩面的施工,除应按《公路沥青路面施工技术规范》(JTG F40—2004)有关规定执行外,还应按下列要求进行:

①处治病害、清除杂物:对确定需要罩面的路段,在进行罩面前必须完成翻浆、坑槽、严重裂缝、沉陷、拥包、松散、车辙等病害的修复工作,并清除路面上的泥土等杂物。

②确定工艺、喷洒黏层:根据施工气温、旧沥青路面状况等因素采取相应施工工艺措施,施工前必须喷洒黏层沥青,确保新旧沥青层的结合,沥青用量为0.3~0.5kg/m^2,裂缝及老化严重时为0.5~0.7kg/m^2。有条件时,洒黏层沥青前最好用机械进行打毛处理。

③罩面不应铺在多次加厚的软沥青层上,也不应铺在和原沥青路面结合不好,即将脱皮的沥青罩面薄层上,应将其铲除整平后,再进行罩面。

④当气温低于10℃或路面潮湿时,不得浇洒黏层沥青,不得摊铺沥青罩面层。

(2)采用乳化沥青稀浆封层时,除应按《公路沥青路面施工技术规范》(JTG F40—2004)有关规定执行外,还应按下列要求进行:

采用乳化沥青稀浆封层时,必须有固定的专业人员、固定的专业乳化沥青生产和施工(洒布、摊铺)设备、专职的检测试验人员,并按有关规定标准进行检测和质量控制。稀浆封层撒布机在使用前,应根据稀浆混合料配合比设计,对集料、乳化沥青、填料、加水量进行认真调试,调试稳定后,方可正式摊铺。

(3)抗滑层的施工

抗滑层应按《公路沥青路面施工技术规范》(JTG F40—2004)有关规定进行施工。

4.3.5　施工质量管理与检查验收

(1)沥青路面罩面的施工质量管理与检查验收,应遵照现行的《公路沥青路面施工技术规范》的有关规定执行。

(2)使用乳化沥青、改性乳化沥青作结合料时,乳化沥青、稀浆封层混合料的质量检验要求按《公路沥青路面养护技术规范》等规范的规定执行。

(3)罩面层、封层、抗滑层施工验收评定标准,可按《公路沥青路面养护技术规范》等规范的规定执行。

4.4　翻修

4.4.1　一般规定

（1）当原有路面破损严重，加铺罩面无法恢复其使用功能时，应进行翻修，并对旧料尽可能再生利用。

（2）翻修应根据该路段交通量和原路面的结构状况及该路段的路基特性，按现行《公路沥青路面设计规范》（JTG D50—2006）规定进行结构及厚度设计。

4.4.2　面层翻修

（1）根据调查分析资料或厚度设计需要翻修部分或全部沥青面层时，宜采用铣刨机进行铣刨作业，按预定翻修厚度正确铣刨，应避免损坏完好的下面层或基层。如局部翻修的面积较小，可采用小型机械或人工翻挖。对铣刨后的旧料应避免泥土或其他杂质混入并及时收集，运送至沥青拌和厂（场）用于再生沥青混合料。

（2）清扫碎屑、灰尘后，下层表面浇洒0.3～0.6kg/m^{2}的黏层沥青；与不翻修路段接界的原路侧壁涂刷0.3kg/m^{2}左右的黏层沥青。

（3）采用与原沥青面层相同的方法或按设计要求的材料和厚度进行铺筑。

（4）用压路机进行碾压密实。如采用热拌沥青混合料进行铺筑时，压实后对与不翻修路段的接缝采用热烙铁烫边密封。

（5）开放交通后应根据具体情况做好初期养护工作。

4.4.3　面层、基层同时翻修

面层、基层同时翻修时应按下列步骤进行：

（1）可先将沥青面层铣刨后翻挖基层，也可采用合适的破碎机具将路面破碎；沥青面层的翻修范围应超出基层翻修范围的边缘线30cm左右，以使基层、面层接缝错开。

（2）将沥青旧料收集运送后，方可清除基层材料。应避免两种材料混杂，影响旧料的再生利用。

（3）避免雨天翻修，必要时在路肩处布置盲沟，防止路床积水。

（4）整平路基表面并经碾压后，采用与原路段相同或符合设计要求的基层材料进行铺筑，每层压实厚度应不大于20cm；当翻修面积小，压路机难以碾压时，可采用小型振动压路机或振动夯板压实，但每层压实厚度应不大于15cm。

（5）当基层稳定并达到要求强度时，浇洒0.1～1.1kg/m^{2}的透层沥青，与不翻修路段接界的原路侧壁涂刷0.3kg/m^{2}左右的黏层沥青。采用与原路段相同或符合设计要求的材料铺筑面层。

（6）开放交通后应根据具体情况作好初期养护工作。

如路基软弱导致路面损坏时，应对软弱路基采取有效的处理措施达到质量标准后再修筑基层、面层。

4.5　施工质量管理与检查验收

对沥青路面采取大修、中修、改建及实施专项养护工程时，除遵照本指南的相关技术要求外，还应遵照《公路工程质量检验评定标准　第一册　土建工程》(JTG F80/1—2004)、《公路沥青路面设计规范》(JTG D50—2006)、《公路路面基层施工技术细则》(JTG/T F20—2015)的规定。

沥青路面养护维修材料的技术要求应符合《公路沥青路面设计规范》(JTG D50—2006)、《公路沥青路面施工技术规范》(JTG F40—2004)的规定。材料试验应遵照《公路工程沥青及沥青混合料试验规程》(JTG E20—2011)、《公路工程集料试验规程》(JTG E42—2005)的规定。

第5章　水泥混凝土路面养护

5.1　水泥混凝土路面日常养护

水泥混凝土路面应做好预防性、经常性养护，通过经常的巡视检查，及早发现病害，查清原因，采取适当措施，清除障碍物，保持良好的路面状况。

5.1.1　清扫保洁

（1）水泥混凝土路面必须定期清扫泥土和污物；与其他不同类型路面平面连接处及平交道口，容易污染，应勤加清扫；路面上出现的小石块等坚硬物，在行车碾压下容易破坏路面和嵌入路面接缝，同时还会造成飞石伤人应予以清除；中央分隔带内的杂物应定期清除，保持路容整洁。

（2）路面清扫频率应根据公路状况、交通量大小及其组成、环境条件等确定，路面清扫宜采用机械作业，机械清扫留下的死角，应用人工清扫干净。

（3）路面清扫时，应尽量减少清扫作业产生的灰尘，以免污染环境，危及行车安全，清扫作业宜避开交通量高峰时段进行。

（4）路面清扫后的垃圾应运至指定地点进行处理，不得随意倾倒。

（5）当路面被油类物质或化学药品污染后，可能对路面水泥混凝土造成破坏，还会降低路面摩擦系数，危害交通安全，因此应清洗干净，必要时用中和剂或其他材料处理后再用水冲洗。

（6）交通标志标牌、标线、轮廓标以及防撞栏等交通安全设施是整个公路景观的组成部分，也是交通安全的必要保障应定期擦拭，交通标志及标线受到污染后应及时清扫（洗），保持整洁、醒目。对于反光标志应注意观察和清洗，防止因污染而降低其反光性能。

（7）应保持交通标志标牌、标线、示警桩、轮廓标的完整，发生局部脱落、破损时应用原材料进行修复或更换。

5.1.2　接缝保养及填缝料更换

（1）接缝的保养：保持接缝完好，表面平顺。

①填缝料凸出板面，一级公路超出3mm，其他等级公路超过5mm时应铲平。

②气温较高时混凝土板膨胀，如填缝料本身压缩性能及热稳定性差，就容易发生填缝料外溢甚至流淌到接缝两侧面板，从而影响路面平整度和路容，应予清除。

③杂物嵌入接缝中，会使接缝失去胀缩作用，从而使面板产生拱胀及断裂，应予清除。尤其是石子嵌入时，使接缝处板端应力集中，以致接缝附近的混凝土板块挤碎，应及时剔除。

(2)填缝料定期更换

①填缝料的更换周期，主要取决于填缝料自身的寿命与施工质量，以及路面条件，一般为2~3年。

②填缝料局部脱落时应进行灌缝填补；填缝料脱落缺失大于三分之一缝长或填缝料老化、接缝渗水严重时应立即进行整条接缝的填缝料更换。

③填缝料的更换应做到饱满、密实、黏接牢固。

④更换填缝料前应将原填缝料及掉入缝槽内的砂石杂物清除干净，并保持缝槽干燥、清洁。填缝料灌注深度宜为3~4cm。当缝深过大时，缝的下部可填2.5~3.0cm高的多孔柔性垫底材料或泡沫塑料支撑条。填缝料的灌注高度夏天宜与混凝土路面齐平，冬天宜稍低于面板2mm。多余的或溅到面板上的填缝料应予以清除。填缝料更换宜选在春秋两季，或宜在当地年气温居中且较干燥的季节进行。

5.1.3　排水设施养护

(1)对路面排水设施，应采取经常性的巡查并与重点检查相结合，发现损坏应及时安排修复，发现堵塞必须立即疏通，路段积水应及时排出。

(2)雨天应重点检查超高路段的中央分隔带纵向排水沟、横向排水管、雨水井、集水井等的排水状况，出现堵塞、积水应及时排出。排水构造物及路肩修复宜采用与原构造物相同的材料。

(3)保持路面横坡及路面平整度。当快车道是水泥混凝土路面，慢车道或非机动车道是沥青路面时，应保持沥青路面横坡大于水泥混凝土路面横坡，以利排水。

(4)保持路肩横坡大于路面横坡，路肩横坡应顺适，并及时修复路肩缺口。

(5)路面接缝、路肩接缝及路缘石与路面接缝出现接缝变宽渗水时应进行填缝处理。

(6)定期修整路肩植物、清除路肩杂物，疏通路肩排水设施和中央分隔带排水设施，常年保持路面排水顺畅。

5.1.4　冬季养护

(1)冰雪地区水泥混凝土路面冬季养护的重点是除雪、除冰、防滑；作业的重点是桥面、坡道、弯道、垭口及其他严重危害行车安全的路段。

(2)除雪、除冰、防滑要根据气象资料、沿线条件、降雪量、积雪深度、危害交通范围等确定作业计划，并做好机驾人员培训，机械设备、作业工具、防冻防滑材料的准备。

(3)除雪作业以清除新雪为主。化雪时应及时清除雪水和薄冰。除冰困难的路段应以防滑措施为主，除冰为辅。除冰作业应防止破坏路面。

(4)路面防冻防滑的主要措施:

①使用盐或其他融雪剂降低路面上的结冰点。

②使用砂等防滑材料或与盐掺合使用,加大轮胎与路面间的摩擦系数。

③防冻、防滑料施撒时间,主要根据气象条件、路面状况等来确定。一般可在刚开始下雪时就撒布融雪剂或与防滑料掺合撒布,或者估计在路面出现冻结前1~2h撒布。

④防止路面结冰时,通常撒布一次防冻料即可,除雪作业时,撒布次数可以和除雪作业频率一致。盐的撒布量见表2-5-1。

(5)在冻融前,应将积雪及时清除路肩之外,以免雪水渗入路肩。冰雪消融后,应清除路面上的残留物。

(6)禁止将含盐的积雪堆积于绿化带。

盐的撒布量/次　　表2-5-1

条件/路段	撒布前4h气温	
	0~7℃	低于-7℃
一般路段(g/m^2)	5~15	15~30
严寒多雪路段(g/m^2)	30	30~50

5.2　水泥混凝土路面常见病害及处治方法

5.2.1　裂缝

(1)对于宽度小于3mm的轻微裂缝,可采用扩缝灌浆法:

①顺着裂缝扩宽成1.5~2.0cm的沟槽,槽深可根据裂缝深度确定,最大深度不得超过2/3板厚。

②用压缩空气清除缝隙中泥土杂物及混凝土碎屑,吹净灰尘后,填入粒径0.3~0.6cm的清洁石屑。

③根据选用的灌缝材料,准备好,灌入扩缝内。

④灌缝材料固化后,达到通行强度,即可开放交通。

(2)对贯穿全厚的大于3mm小于15mm的中等裂缝,可采取条带罩面进行补缝:

①在裂缝两侧切缝时,应平行于缩缝,且距裂缝距离不小于15cm,如图2-5-1所示。

②凿除两横缝内混凝土的深度以7cm为宜。

③每间隔50cm打一对钯钉孔,钯钉孔的大小应略大于钯钉直径2~4mm,并在两钯钉孔之间打一对与钯钉孔直径相一致的钯钉槽。

④钯钉宜采用ϕ16螺纹钢筋,使用前应予以除锈,钯钉长度不小于20cm,弯钩长度为7cm。

⑤钯钉孔必须填满砂浆,方可将钯钉插入孔内安装。

⑥切割的缝内壁应凿毛,并清除松动的混凝土碎块及表面尘土、裸石。

⑦浇筑混凝土应及时振捣密实、抹平,并喷洒养护剂。

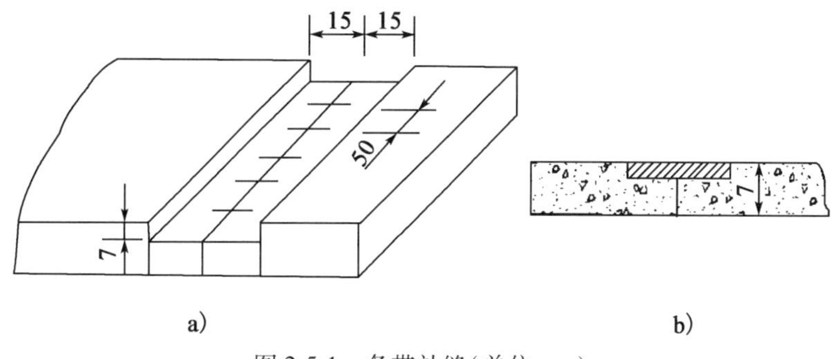

图 2-5-1　条带补缝(单位:cm)

a)钯钉; b)新浇混凝土

⑧修补块面板两侧,应加深缩缝,并灌注填缝料。

(3)对宽度大于 15mm 的严重裂缝,可采用全深度补块。全深度补块分集料嵌锁法、刨挖法、设置传力杆法。

①集料嵌锁法:适用于无筋混凝土路面断板维修。

a. 在修补的混凝土路面上,平行于缩缝划线,沿画线位置进行全深度切割。在保留板块边部,沿内侧 4cm 位置,锯 5cm 深的缝,如图 2-5-2 所示。

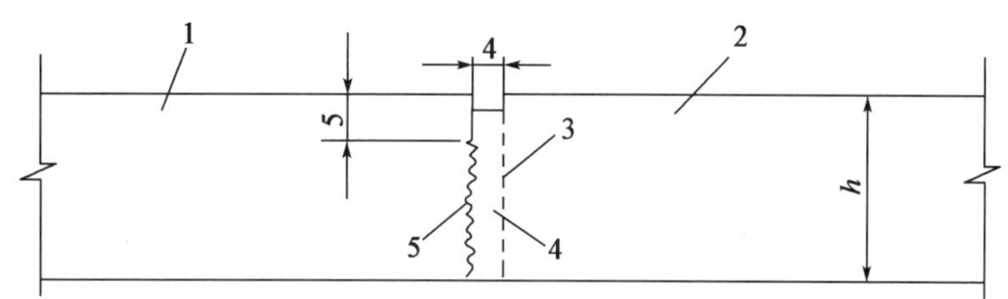

图 2-5-2　集料嵌锁法(单位:cm)

1-保留板;2-全深度补块;3-全深度锯缝;4-凿除混凝土;5-缩缝交错接面

b. 破碎、清除旧混凝土过程中不得伤及基层、相邻面板和路肩。若破除的旧混凝土面层当天完不成混凝土浇筑时,其补块位置应作临时补块。

c. 全深锯口和半深锯口之间的 4cm 宽条混凝土垂直面应凿成毛面。

d. 处理基层时,基层强度应符合规范要求,应整平基层;基层强度低于规范要求,应予以补强,并严格整平;若基层全部损坏或松软,应按原设计基层的材料重新作基层。

e. 新的混凝土配合比所用材料应与原混凝土材料一致。

f. 用水量应控制在混合料运到工地最佳和易性所需的最小值,最大水灰比为 0.4。如采用 JK 系列混凝土快速修补材料,水灰比以 0.30 ~0.40 为宜,坍落度控制在 2cm 内。混凝土 24h 弯拉强度应不低于 3.0MPa。

g. 混凝土摊铺应在混凝土拌和后 30 ~40min 内卸到补块区内,并振捣密实。

h. 浇筑的混凝土面层应与相邻路面的横断面吻合,补块的表面纹理应与原路面吻合。

i. 补块养生宜采用养护剂,其用量根据养护材料性能确定。

j. 做接缝时,将板中间的各缩缝锯切到 1/4 板厚处,将接缝材料填入缩缝内;

k. 混凝土达到通行强度后,即可开放交通。

②刨挖法亦称倒 T 形法,如图 2-5-3 所示。

a. 施工要求按集料嵌锁法进行。

b. 在相邻板块横边的下方暗挖 15cm×15cm 的一块面积用于荷载传递。

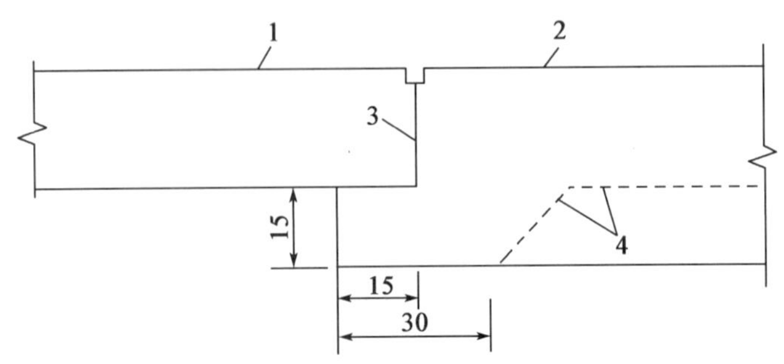

图 2-5-3　刨挖法(单位:cm)

1-保留板;2-补块;3-全深度锯缝;4-垫层开挖线

③设置传力杆法,如图 2-5-4 所示。

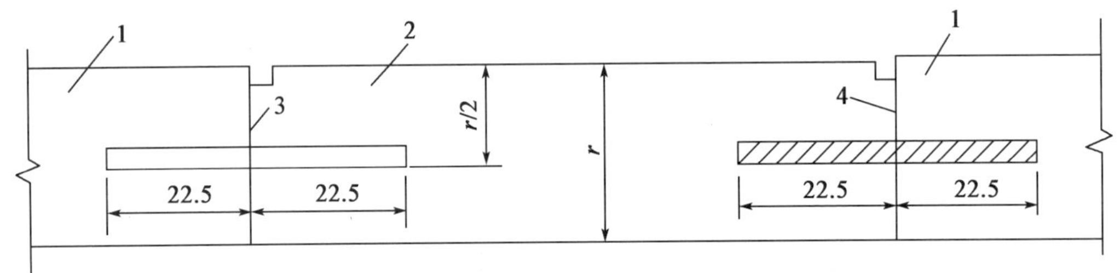

图 2-5-4　设置传力杆法(单位:cm)

1-保留板;2-全深度补块;3-缩缝;4-施工缝

a. 设置传力杆的施工要求按集料嵌锁法进行。

b. 处理基层后,应修复、安设传力杆和拉杆。

c. 原混凝土面板没有传力杆或拉杆折断时,应用与原规格相同的钢筋焊接或重新安设。安装时应在板厚 1/2 处钻出比传力杆直径大 2~4mm 的孔,孔中心距 30cm,其误差不应超过 3mm。

d. 横向施工缝传力杆直径为 ϕ25mm,长度为 45cm,嵌入相邻保留板内深 22.5cm。

e. 拉杆孔直径宜比拉杆直径大 2~4mm,并应沿相邻板块间的纵向接缝板厚 1/2 处钻孔,中心距 80cm。拉杆采用 ϕ16 螺纹钢筋,长 80cm,40cm 嵌入相邻车道的板内。

f. 传力杆和拉杆宜用环氧砂浆牢牢地固定在规定位置,摊铺混凝土前,光圆传力杆的伸出端应涂少许润滑油。

g. 新补板块与沥青路肩相接时,应和现有路肩齐平。

h. 传力杆若安装倾斜或松动失效,应予以更换。

5.2.2　板边、板角修补

1)板边修补

(1)对水泥混凝土面板边轻度剥落进行修补时,应将剥落的表面清理干净,用沥青混合料或接缝材料修补平整。

(2)当板边严重剥落时,可用条带罩面法修补。

(3)当板边全深度破碎时,可按全深度补块的方法进行修复。

2)板角修补

(1)板角断裂应按破裂面的大小确定切割范围并放样。

(2)用切割机切边缝,用风镐凿除破损部分,凿成规则的垂直面。对原有钢筋不应切断,如果钢筋难以全部保留,至少也要保留20~30cm长的钢筋头,且应长短交错。

(3)检查原有的滑动传力杆,如果有缺陷应予以更换,并在新旧混凝土之间加设传力杆,在面板1/2板厚中央,用冲击电锤打直径为22mm的水平孔,深20cm、水平间距30~40cm。每个孔应先用压缩空气将孔内混凝土碎屑吹除,然后将周围湿润,用快硬砂浆填实,插一根直径为2cm、长40cm的钢筋,待砂浆硬化后,浇筑快凝混凝土。

(4)如基层不良时,可采用C15号混凝土浇筑基层。

(5)与原有路面板的接缝处如有缩缝,应铺上塑料薄膜或涂上沥青,防止新旧混凝土黏结在一起,如有胀缝,应设置接缝板。

(6)浇筑的混凝土硬化后,用切缝机切出宽3mm、深4mm的接缝槽,并用压缩空气清缝,灌入填缝材料。

(7)待混凝土达到强度后,方可开放交通。

5.2.3 表面起皮(剥落、露骨)处治

表面起皮、露骨现象如图2-5-5所示。应根据松散的成因类型和严重程度分别加以处置。

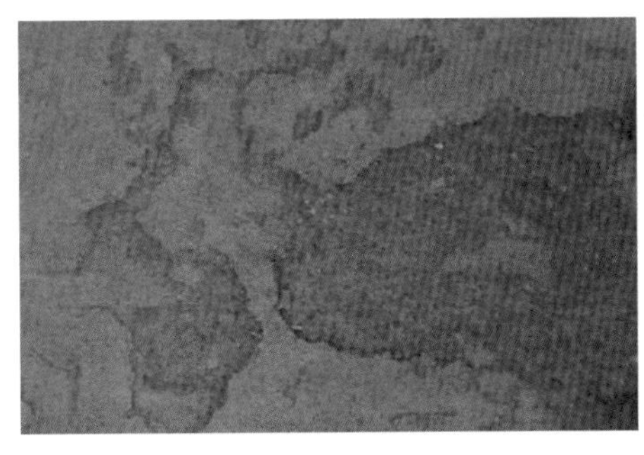

a)

b)

图2-5-5　水泥混凝土路面起皮露骨

a)起皮;b)露骨

(1)小面积的剥落、磨损,可采用1:2水泥砂浆(水灰比0.4~0.5)或掺有50%聚乙烯乳液的水泥砂浆填补。

(2)一般公路水泥混凝土板表面起皮(剥落、露骨)采用稀浆封层加以处治。

(3)水泥混凝土板表面起皮(剥落、露骨),宜采用改性沥青稀浆封层或沥青混凝土加以处治。

(4)对于较大面积的水泥混凝土面板表面起皮(剥落、露骨)宜采取稀浆封层及沥青混凝土罩面措施。

(5)当剥落继续发展进行,裂缝也显著发生时,则必须查明原因,经处理后,翻挖,重新铺筑路面。

5.2.4 板块脱空处治

水泥混凝土路面面板和基层之间由于出现空隙而导致路面沉陷的,可采用沥青灌注、水泥浆、水泥粉煤灰浆和水泥砂浆灌浆等方法进行板下封堵。

1)沥青灌注法

(1)灌浆孔布置如图2-5-6所示。

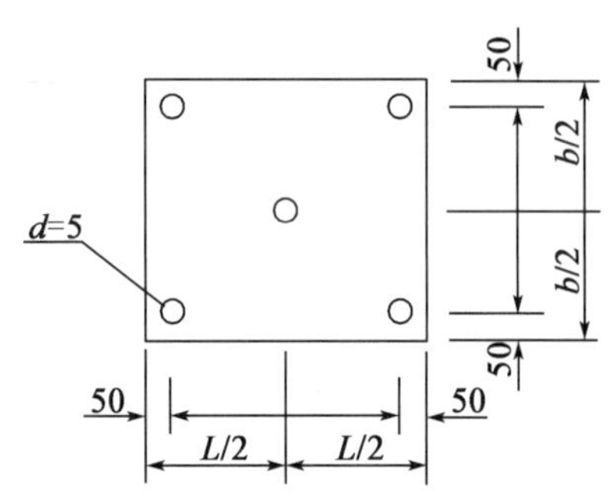

图2-5-6 灌浆孔布置(单位:cm)
d-灌浆孔直径;L-板长;b-板宽

(2)灌浆孔钻好后,应采用压缩空气将孔中的混凝土碎屑、杂物清除干净,保持干燥。

(3)宜采用建筑沥青,沥青加热熔化温度一般为180℃。

(4)沥青洒布车或专用设备的压力为200~400kPa。灌注沥青压满后约0.5min,应拔出喷嘴,用木楔堵塞。

(5)沥青温度下降后,应拔出木楔,填进水泥砂浆,即可开放交通。

2)水泥灌浆法

(1)灌浆孔的布置与沥青灌注法相同。

(2)灌注可用压力灌浆机或压力泵,灌注压力为1.5~2.0MPa。

(3)灌浆作业应先从沉陷量大的地方的灌浆孔开始,逐步由大到小。当相邻孔或接缝中冒浆,可停止泵送水泥浆,每灌完一孔应用木楔堵孔。

(4)待砂浆抗压强度达到3MPa时,用水泥砂浆堵孔,即可开放交通。

5.2.5 沉陷的维修

(1)水泥路面沉陷如图2-5-7所示,其处理应设置排水设施,方法同唧泥处理。

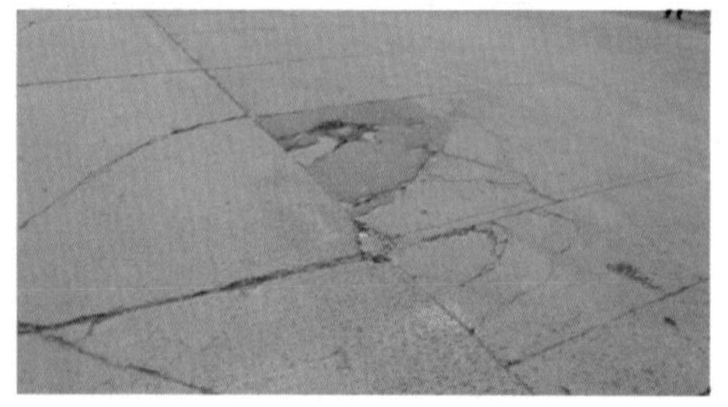

图2-5-7 水泥混凝土路面沉陷

(2)面板顶升的基本要求:

①面板在顶升前,应用水准仪测量下沉板的下沉量,测站距下沉处应大于50m,并绘出纵断面,求出升起值。

②在混凝土面板上钻孔，孔深应大于板厚2cm。

③板块顶升宜采用起重设备或千斤顶。

④灌注材料可采用水泥砂浆。

⑤灌注材料压入后，每灌一孔应用木楔堵塞，压浆全部完毕，拔出木楔，宜用高强水泥砂浆堵孔。

⑥压浆材料的抗压强度达到6MPa时，方可开放交通。

5.2.6　唧泥

(1)水泥混凝土路面唧泥病害如图2-5-8所示，处置一般采用板下压浆封堵工艺（与脱空板处治相同）。

图2-5-8　水泥混凝土路面唧泥

(2)水泥混凝土面板进行压浆处理后，应对接缝及时进行灌缝处理，其要求应按接缝填缝料损坏维修执行。

(3)设置排水设施：

①路面和路肩应保持设计横坡，宜铺设硬路肩。

②路面裂缝、接缝以及路面与硬路肩接缝应进行密封。

③设置纵向积水管和横向出水管：

a. 在水泥路面的外侧边缘挖一条纵向沟，宽15～25cm，沟深挖至集料基层之下15cm，横沟与纵沟的交角应在45°～90°之间，横沟间的距离约30m，如图2-5-9所示。

b. 积水管一般采用ϕ7.5cm多孔塑料管，出水管为无孔塑料管。

c. 设置纵向和横向水管，设计的距离以积水管和出水管能连接起来为准。

d. 纵向多孔管应包一层渗透性较强的土工织物。

e. 积水管和出水管放入沟槽时，其底部应平顺，横向出水管的坡度应大于或等于纵向排水坡度，出水管的管端应延伸到排水沟内，并设端墙。

f. 管的外围应填放粗砂等渗滤材料，并振动压实。

g. 回填沟槽时，应采用与原路肩相同的材料恢复原状。

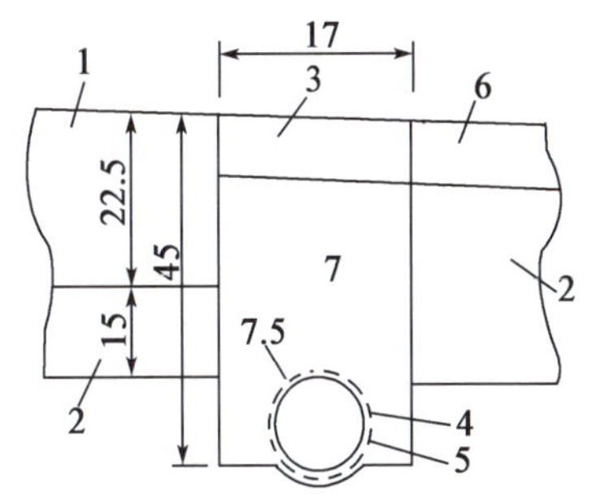

图2-5-9　边部排水管布置图（单位：cm）
1-水泥混凝土；2-集料基层；3-沥青混凝土；4-渗滤织物；5-多孔管；6-沥青混凝土路肩；7-细渗滤集料

5.2.7　错台

错台如图 2-5-10 所示，其处治方法有磨平法和填补法两种，按错台的轻重程度选定。

图 2-5-10　水泥混凝土路面板错台

(1)轻微错台，其高差小于 5mm 时，可不作处理。

(2)错台高度小于等于 10mm 时，可采用人工凿平法或磨平机磨平法。

①人工凿平法

a. 划定错台处治范围。

b. 用钢板尺测定错台高度。

c. 用平头钢凿由浅到深从一边凿向另一边，凿后的面板应达到基本平整。

d. 清除接缝杂物，吹净灰尘，及时灌入填缝料。

②机械磨平法

a. 使用磨平机，从错台最高点开始向四周扩展，边磨边用 3m 直尺找平，直至相邻两块板齐平为止，见如图 2-5-11 所示。

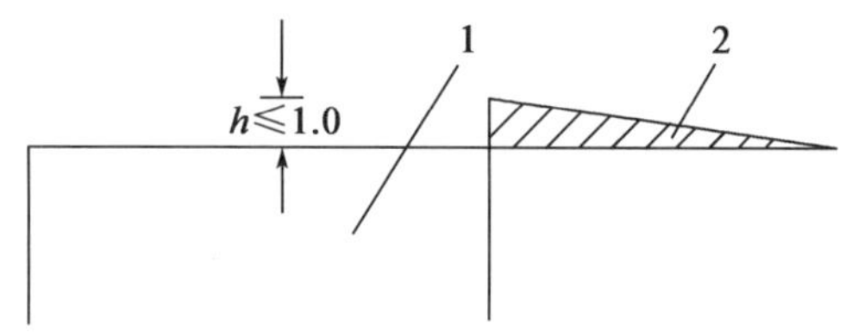

图 2-5-11　错台磨平法示意图(单位:cm)
1-下沉板;2-磨平

b. 磨平后，应将接缝内杂物清除干净，并吹净灰尘，及时将填缝料填入。

(3)错台高度大于 10mm 的严重错台，可采用沥青砂或水泥混凝土进行处治。

①沥青砂填补法

a. 清除路面杂物和灰尘。

b. 喷洒一层热沥青或乳化沥青，沥青用量为 0.40 ~ 0.60kg/m^2。

c. 摊铺沥青砂，修补面纵坡变化应控制在 $i \leqslant 1\%$。

d. 沥青砂填补后，宜用轮胎压路机碾压。

e. 待沥青砂修补层冷却成型后开放交通，初期应控制车辆慢速通过。

②水泥混凝土修补

a. 将错台下沉板凿除 2 ~ 3cm 深，修补长度按错台高度除以坡度(1%)计算。

b. 清除毛面混凝土上的杂物灰尘。

c. 浇筑聚合物细石混凝土。

d. 喷洒养护剂养护混凝土，混凝土达到通行强度后，即可开放交通。

5.2.8 坑洞的修补

(1)对个别的坑洞,应清除洞内杂物,用水泥砂浆等材料填充,达到平整密实。

(2)对较多坑洞且连成一片的,采取薄层修补方法进行修补。

①切割面积的图形边线,应与路中心线平行或垂直。

②切割的深度,应在6cm以上,并将切割面内的光滑面凿毛。

③清除槽内的混凝土碎屑。

④混凝土拌和物填入槽内,振捣密实,并保持与原混凝土面板齐平,初凝前用压纹器压纹,压纹深度宜控制在3mm左右。

⑤宜喷洒养护剂养生。

⑥待混凝土达到通行强度后,方可开放交通。

(3)对面积较大,深度在3cm以内,成片的坑洞,可用沥青混凝土进行修补。

①用风镐凿出一个处治区,其图形边线应与路中心线平行或垂直。

②凿除深度以2~3cm为宜,并清除混凝土碎屑。

③铺筑沥青混凝土前,应将凿出的槽底面和槽壁洒黏层沥青,其用量为0.4~0.6 kg/m^2。

④沥青混凝土应碾压密实平整。

⑤待沥青混凝土冷却后,控制车速通行。

5.3 水泥混凝土路面修复

5.3.1 整块面板翻修

(1)凿除。

用机械凿除损坏的水泥混凝土板块,凿除时应注意对相邻板块的影响,尽可能保留原有的拉杆、传力杆,若拉杆、传力杆发生损坏应重新补设。凿除后及时清运混凝土碎块。

(2)处治基层。

视基层损坏程度采取不同处治方法。

①基层损坏厚度小于8cm时,整平基层压实后,可直接浇筑与原路面相同的水泥混凝土材料,基层施工应符合水泥混凝土路面施工规范的要求。

②基层损坏厚度大于8cm,且坑洼不平时,应首先整平、压实基层,再采用C15号素混凝土进行补强,补强层顶面高程应与旧路面基层顶面高程相同。

③基层损坏极为严重,其厚度大于20cm时,应分层处理基层,基层材料应符合《公路路面基层施工技术细则》的有关规定。

(3)在进行路面板翻修时,在路面排水不良地带,路面板边缘及路肩应设置路基纵、横向排水系统,以免路基积水。

①单一板块翻修时应在路面板接缝处设置盲沟。

②较长路段翻修时宜设纵横向盲沟,并应在纵坡底部设置横向盲沟。

(4)路面混凝土施工配合比及所选用的材料,应根据路面通车时间的要求选用快速修补材料。

①混凝土拌和机宜设置在施工现场附近。

②采用翻斗车运送混合料，人工摊铺，宜用插入式振捣器振捣，振动梁刮平提浆，人工抹平，按原路面纹理对混凝土表面进行处理。

③宜采用养护剂进行养护。

④相邻板块的接缝宜用切缝机切至 1/4 板块深度。

⑤清除缝内杂质，灌接缝材料。

5.3.2　部分路段修复

1）修复前的准备工作

（1）修复前对损坏的路段进行详细全面的调查，分析原因，并制定科学的修复措施。

（2）编制施工组织设计，包括修复的资金、人员、机械、材料和施工工艺等。

2）施工

（1）采用配备液压镐的混凝土破碎机凿除旧混凝土板块，液压镐落点间距为 40cm，及时清除混凝土碎块。

（2）检查基层，对基层强度尚好、损坏不严重的基层，进行整平压实，压路机上下路床时应设置三角导木；如基层损坏面积较大，强度不足时，可采用水稳性较好的材料进行补强处理。

（3）结合路面维修，设置纵横向排水系统。

（4）为提高路基的水稳性，混凝土施工前应在路面基层上做沥青下封层，沥青用量为 $1.0kg/m^2$。

（5）为使新旧混凝土板形成整体，提高混凝土路面的传荷能力，在新旧混凝土板交接处安设传力杆和拉杆。

①在新旧路面板交界处，在旧面板 1/2 板厚处，每隔 30cm 钻一直径为 28mm，深为 22.5cm 的水平孔。

②用压缩空气清除孔内混凝土碎屑。

③向孔内灌入高强砂浆。

④在旧混凝土板侧向涂刷沥青，将 ϕ25mm，长 45cm 的光圆钢筋，插入旧混凝土面板中。

⑤对损坏的拉杆要修复，可在原拉杆位置附近，打直径为 18mm、深 35cm 的拉杆孔，用压缩空气清孔，灌高强砂浆，将 ϕ14mm、长 70cm 的螺纹钢筋插入旧混凝土面板中 35cm。

⑥水泥混凝土路面的材料要求、施工工艺，应按照公路水泥混凝土路面有关施工规范执行。

⑦水泥在混凝土板块接缝处，用切缝机切 1/4 板厚深的缝。

5.4 施工质量管理与检查验收

对水泥混凝土路面采取大修、中修、改建及实施专项养护工程时，除遵照本《养护指南》的相关技术要求外，还应遵照《公路工程质量检验评定标准 第一册 土建工程》(JTG F80/1—2004)、《公路水泥混凝土路面设计规范》(JTG D40—2011)、《公路水泥混凝土路面施工技术细则》(JTG/T F30—2014)、《公路路面基层施工技术细则》(JTG/T F20—2015)的规定。

水泥混凝土路面养护维修材料的技术要求应符合《公路水泥混凝土路面设计规范》(JTG D40—2011)、《公路水泥混凝土路面施工技术细则》(JTG/T F30—2014)的规定。

参考文献

[1] 中华人民共和国交通行业标准. JTG B01—2014　公路工程技术标准[S]. 北京:人民交通出版社,2014.

[2] 中华人民共和国交通行业标准. JTG D50—2006　公路沥青路面设计规范[S]. 北京:人民交通出版社,2006.

[3] 中华人民共和国交通行业标准. JTG D40—2011　公路水泥混凝土路面设计规范[S]. 北京:人民交通出版社,2011.

[4] 中华人民共和国交通行业推荐性标准. JTG/T F20—2015　公路路面基层施工技术细则[S]. 北京:人民交通出版社,2015.

[5] 中华人民共和国交通行业推荐性标准. JTG/T F30—2014　公路水泥混凝土路面施工技术细则[S]. 北京:人民交通出版社,2014.

[6] 中华人民共和国交通行业标准. JTG F40—2004　公路沥青路面施工技术规范. 北京:人民交通出版社,2004.

[7] 中华人民共和国交通行业标准. JTG H10—2009　公路养护技术规范[S]. 北京:人民交通出版社,2009.

[8] 中华人民共和国交通行业标准. JTJ 073.1—2001　公路水泥混凝土路面养护技术规范[S]. 北京:人民交通出版社,2001.

[9] 中华人民共和国交通行业标准. JTJ 073.2—2001　公路沥青路面养护技术规范[S]. 北京:人民交通出版社,2001.

[10] 中华人民共和国交通行业标准. JTJ 075—94　公路养护质量检查评定标准[S]. 北京:人民交通出版社,1994.

[11] 中华人民共和国交通行业标准. JTG H30—2004　公路养护安全作业规程[S]. 北京:人民交通出版社,2004.

[12] 中华人民共和国交通行业标准. JTG F41—2008　公路沥青路面再生技术规范[S]. 北京:人民交通出版社,2008.

[13] 中华人民共和国交通行业标准. JTG F80/1—2004　公路工程质量检验评定标准　第一册　土建工程[S]. 北京:人民交通出版社,2004.

[14] 陕西省交通厅. 农村公路 [M]. 北京:人民交通出版社,2006.

[15] 交通运输部公路司. 农村公路施工技术[M]. 北京:人民交通出版社,2007.

[16] 交通运输部公路司. 农村公路养护技术手册[M]. 北京:人民交通出版社,2008.